信贷约束、农业规模经营与约束缓解机制研究

——基于长江中下游水稻种植户的调查

柳凌韵 ◎著

Wuhan University Press
武汉大学出版社

图书在版编目（CIP）数据

信贷约束、农业规模经营与约束缓解机制研究：基于长江中下游水稻种植户的调查/柳凌韵著. —武汉：武汉大学出版社，2023.4

ISBN 978-7-307-22909-9

Ⅰ.信… Ⅱ.柳… Ⅲ.农业信贷－信贷管理－研究－中国 Ⅳ.F832.43

中国版本图书馆CIP数据核字（2022）第210089号

责任编辑：黄朝昉　　　　　责任校对：牟　丹　　　　　版式设计：文豪设计

出版发行：**武汉大学出版社**　　（430072　武昌　珞珈山）

（电子邮箱：cbs22@whu.edu.cn 网址：www.wdp.com.cn）

印刷：三河市京兰印务有限公司

开本：710×1000　1/16　　　印张：14.25　　字数：204千字

版次：2023年4月第1版　　　2023年4月第1次印刷

ISBN 978-7-307-22909-9　　　定价：68.00元

前　言

　　农村土地流转政策的推进伴随着农户农业生产经营方式的分化，农业生产的适度规模经营方式不仅可以提高农户家庭的收入、提升家庭福利水平，还可以基于规模化的生产经营优化农业产业的资源配置，对于提升我国农产品竞争力具有重要意义。然而，最优的农业规模经营需要投入足够的规模资金，传统农户往往容易面临信贷约束，自有资本较富裕的农户则能够依靠自身有效缓解这样的信贷约束，而缺乏自有资本的农户则可能长期面临信贷约束。那么，信贷约束的持续存在是否会影响农户的土地流转决策，是否会进一步影响农户其他要素的投资水平？它会对农户的农业规模经营绩效造成什么影响？在未来农村金融进一步的深化改革中，农村金融机构又该如何更好地服务于具有农业生产经营意愿的农户家庭？

　　基于以上核心问题的提出，本书首先以宏观数据展现2010—2016年全国农地流转规模和1997—2016年农村信贷规模均逐年递增的趋势，并以微观数据明确农户面临信贷约束的基本假定。其次，本书利用2015—2016年度789户农户家庭调研数据，实证检验了信贷约束对农户农地经营规模决策的影响，并进一步检验了信贷约束对其他要素资金投入的影响。再次，

1

本书基于调研的农户家庭数据，实证检验信贷约束对农户农业规模经营绩效的影响，对比未受信贷约束农户，分析信贷约束下农户农地规模与农业生产效率和规模经济的关系。最后，本书以农业资源禀赋为视角，分析农户农业生产经营过程中受信贷约束的影响因素，并分析国内已有的金融创新农地金融试点对农户的农业信贷约束的影响，进一步从正规金融和非正规金融视角分别探讨可能的农业融资创新模式。

研究内容一：农业规模经营与农村金融市场的现状描述。

第一，利用宏观和微观调研数据揭示农业规模经营和信贷市场的现状。宏观上的描述统计数据显示，全国农地流转面积、50亩以上农户数量、县域金融服务网点、机构贷款和农户贷款数量均呈现增长趋势；微观层面在江苏、湖南和江西的调研样本数据统计显示，现阶段农户的信贷需求资金的满足程度未达到50%。第二，以信贷需求是否被完全满足来衡量信贷约束，相较小农户，大农户面临着更大程度的信贷约束。

研究内容二：信贷约束对农业要素投入决策的影响分析。

基于上述农户普遍面临的信贷约束前提假定，分析信贷约束对农业要素投入决策的影响。受限 Tobit 模型（也称样本选择模型、受限因变量模型，是因变量满足某种约束条件下取值的模型）的回归结果显示，信贷约束对农户的流入农地规模决策具有负效应，具体表现为受信贷约束农户平均流入农地规模小于未受信贷约束农户，均值减少了150亩。因此，信贷约束对农户农地流入规模决策产生了显著的负效应。

理论上，信贷约束会导致农户的农业生产无法达到利润最大化的最优要素投入点。本书的实证分析结果显示，信贷约束并没有显著降低农户农业生产其他要素的资金投入。究其可能的原因：一是农户通过自身资本积累或其他外部融资渠道获取购买要素资金，使要素投资达到最优化水平；二是农户通过商业信用的要素购买形式，使要素投入最优化；三是家庭用工的增加缓解流动性约束对要素投入资金的影响。因此，信贷约束并没有显著降低农户的单位农地要素投入资金。

研究内容三：信贷约束对农户农业规模经营绩效的影响分析。

基于研究内容二中信贷约束对农业要素投入决策的影响分析结果，通过进一步研究发现，信贷约束的存在并没有显著降低农户的农地生产率。利用内生转换模型进行实证分析得出结论：相较未受信贷约束农户，受信贷约束农户扩大其农地规模并不会降低亩均产量，即农地生产率；相反，农户的水稻种植的单位产出水平显著提高。因此，在对农地撂荒问题加以控制的情况下，信贷约束的存在并不会显著制约国家粮食产量安全政策目标的实现。也就是说，在成本和产量难以兼顾的情况下，受信贷约束农户的农地资源配置效率没有表现出受到信贷约束的影响。

同时，在农业规模经营方式转变过程中，未受信贷约束农户在一定农地规模范围内实现了规模经济，而受信贷约束农户农地规模的扩张造成了规模不经济。考虑到这部分农户就算通过其他融资渠道或商业信用等缓解现金流约束的方式达到了最优要素投入水平，其生产成本也会高于未受信贷约束下的要素投入成本。因此，在信贷约束的持续存在下，农业适度规模经营的发展与降低农产品生产成本、提高农业市场竞争力的目标相违背。

研究内容四：信贷约束的影响因素分析。

笔者借助调研数据统计分析了农户正规信贷与非正规信贷的特征差异，进而进一步研究正规信贷约束，统计了农户的信贷动机、潜在信贷需求、实际信贷需求和实际获得情况。

根据双变量 Probit 模型的实证分析结果得出结论：第一，在目前的农村金融市场中，农地抵押贷款试点可以有效降低农户受需求方约束和供给方完全约束的概率，但还不能有效减少农户受严格供给方信贷约束的概率，这说明农地抵押贷款的效用存在边界。第二，农地经营权剩余期限越长，农户信贷需求就越大，这在一定程度上代表了农户的农业生产水平和农业投资需求水平。然而，它并不是信贷供给者放贷的技术门槛依据。因此，它增加了农户获得信贷的概率，但并未使农户获得全部的信贷数额。第三，要想加入农业合作组织往往具有硬性指标与条件，农户从而拥有了更为丰富的农业资源和资源禀赋，这增加了农户的潜在信贷需求。但是正规金融市场未对这种组织化的资本进行有效利用，农户知道自身不能获得信贷从而放弃申请贷款。而申请信贷的农户也不能通过农业合作组织这一禀赋有效获得全部信贷或部分信贷。

研究内容五：农业规模经营的约束缓解机制：基于实物融资合约治理视角。

实物融资制度是乡土社会传统的平抑家庭日常开支和分担农业歉收风险的手段。农业规模经营引致的要素规模化驱动交易数量机制、要素质量化驱动交易关系机制、要素市场竞争化驱动交易关系机制，共同促进实物融资合约向正式治理演化。实证研究进一步验证，要素规模化直接增加农户缔约正式合约的概率，要素质量化和市场竞争化则通过交易关系机制间接增加农户缔结正式合约的概率。具体而言，要素规模平均每增加1亩（1亩≈666.7平方米），合约正式治理的概率提高0.01%；要素质量平均每提升1分，合约正式治理的概率提高5.9%，交易关系可以起到部分中介效应；要素市场竞争程度平均每提高1个，合约正式治理的概率提升8.2%，且交易关系起到完全中介效应。

研究内容六：农业规模经营的约束缓解机制：基于实物融资和正式融资的关系视角。

本部分基于江苏水稻种植农户的调查数据，在"合同安排—信誉渠道—融资结构"的理论分析框架下，考察了合同安排对实物融资与形式融资关系的影响。我们发现，实物融资和正式融资之间存在不同的关系。具体来说，尽管它们在口头合同安排下具有很强的替代性，但在正式合同安排下，它们可能通过声望渠道相互补充。在口头合约安排下，实物融资对正式融资具有替代性，农户每降低1万元实物融资，参与正式融资的概率上升5.3%。而在正式合约安排下，实物融资与正式融资之间呈现显著的互补关系。具体而言，每增加1万元实物融资，农户参与正式融资的概率增加14.5%。尤其对于高声誉农户而言，参与正式融资的概率增加26.9%，正式融资的总规模上升0.1%。

研究内容七：农业规模经营的约束缓解机制：基于正式融资创新视角。

本部分以国内已有的信贷创新实例阐述可能的农业信贷发展模式，并对比农地金融创新模式试点地区和非试点地区的农户信贷匹配情况，验证出农地金融试点对农户的潜在信贷需求的激励作用和信贷约束的缓解作用。

农地抵押贷款模式的创新之处在于采用风险分担模式缓解了信贷市场中的逆向选择和道德风险问题，为那些有农业规模经营意愿又缺乏抵押担保品，进而难以从正规金融机构获得贷款的农户提供了信贷，既有效增加了农地抵押贷款试点地区农户的潜在信贷需求，也降低了需求方和供给方信贷约束。本书认为，农地抵押贷款模式还可以进一步拓展，尝试农地联保贷款模式，扩大对较小规模经营农户的信贷支持。同时，农地抵押贷款的深化探索也应根据农村地区经济社会发展的现实情况对贷款技术加以不同适应性改变，在已有的信贷模式基础上，具有一定农地规模基础的农户能够获得部分信贷支持，深化创新信贷模式以满足不同农业规模阶段农户的信贷需求。具有一定规模的农户虽然可以提供有效的抵押品和担保条件，但其全部信贷需求并不容易满足，农村金融机构应从创新抵押、担保模式方面来满足不同类型农户的信贷贷款需求，从而有效缓解农户所面临的信贷约束。最后，基于农业信贷供需约束的影响因素，设计可能的农业信贷创新模式，如"金融机构+土地证联保+农户"和"金融机构+农资公司担保＋农户"。

　　基于以上研究结论，本书认为农村金融市场相关部门应该：以市场为导向，对农村地区差异化创新金融产品和信贷模式；培育农村社区金融机构，促进金融资源社区化；加快农户征信体系建设，培育金融生态机制；建立风险补偿机制。

目　录
Contents

第一章 绪　言

第一节　研究背景

　　"农业、农村、农民"一直是我国亟待解决的"三农"问题。目前，我国经济发展进入新常态，经济增长不再以过去的高速态势呈现，而是趋于平缓。进一步稳定我国农业基础地位、增加农户收入成为首要政策目标。近年来，国内农业资源短缺、农业劳动生产率低下以及农业生产成本持续上涨导致农产品价格出现全面倒挂现象，农产品市场面临着竞争力薄弱的严重问题。伴随着城镇化进程，劳动力流动将持续增强，农村发展将进一步面临要素资源缺失的问题。农业现代化的发展转变是解决"三农"问题的一个逻辑起点，农业现代化发展不单是农地规模的增加，而是构建现代农业产业体系、生产体系和经营体系[1]，提升农业竞争力。为了更有效促进农业现代化发展，2017年中央一号文件提出："推进农业供给侧结构

[1]　农业产业体系、生产体系和经营体系出自《中华人民共和国国民经济和社会发展第十三个五年规划纲要》。

性改革，要在确保国家粮食安全的基础上，紧紧围绕市场需求变化，以增加农民收入、保障有效供给为主要目标……提高土地产出率、资源利用率、劳动生产率，促进农业农村发展由过度依赖资源消耗、主要满足量的需求，向追求绿色生态可持续、更加注重满足质的需求转变。"这表明增加农民收入这一目标需以国家粮食安全为前提，同时协调提高土地产出率和资源利用率。

随着现代经济发展，农业在各产业竞争中相对衰落的问题会越来越突出，究其原因，主要是小农户的农业收入无法跟上非农人均收入水平。鉴于此，从事农业生产的农户要么发展为兼业农户，要么则成为纯农户[1]。兼业农户可以在一定程度上提升农户家庭收入，但并不能提高农业产业竞争力。想要真正改善农户农业收入水平和农产品竞争力低下的问题，首先需要把农业规模扩大到最优投入产出比的生产点，即农业适度规模经营[2]。只有在此基础之上，吸引农户从事农业生产，加快技术进步，提高劳动生产率、土地生产率和生产经营效率才能切实可行。因此，农业规模经营的主要经营主体即农户[3]。2018年中央一号文件指出"培育新型农业经营主体[4]……促进小农户和现代农业发展有机衔接"。那么，支持培育新型农业经营主体的同时也要增强带动小农户发展能力，因此，规模经营虽并非农业现代化的唯一发展趋势，但依然起主导作用。特别是对于粮食类依靠土地集约的大田作物而言，适度规模经营依然是农业现代化发展过程中降低单位产品生产成本或增加农产品产量以保障国家粮食安全的途径，也是农户提升经营收益，进而提高家庭收入水平，农村农业经济现代

---

[1]　除了从事农业生产外，还有一部分农户转变为非农农户，已完全脱离农业生产，这一部分农户不在本书研究范围内。

[2]　适度农业规模经营后简称农业规模经营。

[3]　本书中将提及小农户和大农户两类农户，大农户为农地经营规模10亩以上农户，相对于小农户，其基本特征具有农地流入行为，具体包括农户、合作社、公司等从事农业生产的基本单位。

[4]　新型经营主体以专业大户、家庭农场、农业合作社和农业龙头企业为主。

化发展的选择。基于此，本书的研究对象选择农村地区的微观经营主体——水稻种植农户[1]。

传统农业向现代农业转变所需的一系列条件都离不开资金的支持。无论是物质资本还是人力资本投资，这些资源要素的获取都需要通过农业投资来实现。因此，发展现代农业需要解决的一个核心问题就是所需资金的来源问题，这也是农业规模经营的基本要素。2017年中央一号文件指出，"优化农业产业体系、生产体系、经营体系，提高土地产出率、资源利用率、劳动生产率，促进农业农村发展由过度依赖资源消耗、主要满足量的需求，向追求绿色生态可持续、更加注重满足质的需求转变"。对金融支持服务的需求呈现新的特点。现代农业相较传统农业，其最显著的特点在于基于科学技术将工业产业的生产资料投入农业生产，从而形成了规模化特征。规模化极大地改变了农业信贷需求特征，使农业投资资金需求规模扩大、资本投入变密集、生产风险增加，由"小额、短期、分散"转变为"大额、长期、集中"，由季节性周转式需求转变为稳定性固定式需求。农户参与土地流转市场、购置农业机械、改善农业基础设施等行为均是信贷需求特征转变的动因。随着农业现代化的进程，农村金融的服务范围将不再仅仅局限于基础信贷，还可以扩展到租赁、保险、期货等。捕捉到农户金融需求的转变，并创新机制以满足信贷市场需求，是实现农业现代化发展的前提。

2006—2017年中央一号文件连续12年对农村金融发展做出批示，2004年中央一号文件要求"改革和创新农村金融体制"，2010年中央一号文件指出"提高农村金融服务质量和水平"，2014年中央一号文件提出"强化金融机构服务'三农'的职责"。近年来又特别强调发展多元化农村金融机构：一方面加快培育村镇银行、贷款公司、农村资金互助社等新型农村金融机构；另一方面创新农村金融贷款机制，多元化信贷产品供给，最终以加大对农户的信贷投放力度，切实解决农户融资难问题。尽管

---

[1]　本书的研究对象为水稻种植农户，后文中均用农户表示。

政策层面农村金融改革力度很大，但与多数发展中国家的情况相似，我国农户依然普遍面临着较严重的信贷约束。例如，陕西杨凌农业示范区以适度规模经营为现代农业目标，积极培育各种类型的农业经营主体，该区受到信贷约束的农户占比达62%。而在获得信贷的农户中，新型农村金融机构并未扮演支持农业发展的角色，正规金融依然在农户的农业投资中起到至关重要的作用。因此，研究现阶段不完善的农村信贷市场对水稻种植户农业规模经营的影响及其对策具有现实意义。

第二节　问题提出

国内外学者普遍认为，农户缺乏信贷资金所产生的负面影响将会直接或间接地波及农户的技术选择和生产效率并反映到食品安全、营养与健康等福利水平的方方面面。自1984年以来，中国农民一直饱受城乡收入差距扩大之苦。要解决这一问题，可以通过扩大生产规模来增加农民收入。然而，截至2021年，中国的平均农业规模仅为邻国日本的一半，小农生产仍约占80%。造成这一现象的原因之一是农业经济融资成本较高。长期以来，在中国农业现代化转型的背景下，如何形成有效农业融资已经成为政府和学术界共同关心的问题。这一研究领域的焦点主要集中在发展中国家农村信贷市场的正规信贷约束问题上。已有研究定义的信贷市场一般指正规信贷，本书首先将非正规金融纳入农户家庭面临的信贷约束中，将正规与非正规信贷作为整体看待农户面临的信贷约束问题。那么，从事农业生产的农户面临的信贷约束现状如何？

党的十九大提出"乡村振兴战略"是当前国家发展农村的宏观战略，"农村经营主体""农业适度规模经营"成为决议部署的关键词。不论是维持还是扩大农地经营规模，农户总会有出于各种动机的信贷需求。在以往的调研中，农户的信贷需求无法被完全满足的现象确实普遍存在。启发笔者深入研究"流动性约束对农户农业规模经营的影响"问题的"激励"来自实地调查，不少农户想扩大农地经营规模却因为缺乏资金没有实现。比如，一些农户因为无法获得足够融资而放弃更高端农机的购置和更大规模的农业生产，进而无法有效实现适度规模经营。或许农地规模只是我们能够看到的表面现象，已有研究指出，如果具有农业技能的农户由于信贷需求受到压制而无法实现有效投资，会显著制约农户家庭收入的提高乃至农村经济的发展。那么，信贷约束会影响农户的农业生产吗？它会如何影响农户的农地流入规模决策？

　　农业规模经营问题不仅仅是农地规模的问题，还可以从要素现金成本、要素生产效率乃至规模经济的实现多角度、多层次考量，以更细致地研究不完善的信贷市场对农业规模经营转型过程的影响。许多国家的大量实证研究揭示，农户农地规模与单位面积产量之间存在着反向关系[1]，若我国粮食作物的规模扩张有着同样的负相关关系，那么通过实现农业规模经营增加农民收入与确保粮食安全为基础相悖[2]。同时，相较小规模农户，大规模农户偏向粗放型农耕，这与农地生产率的提高（即社会效率优化的实现）相悖。已有研究从劳动力市场、土地产权和测量误差等视角合理解释了农户农业规模扩大而生产率降低的原因。亦有研究指出，到2011年我国粮食作物已形成明显的规模经济，但生产处于规模报酬不变的阶段。具体而言，农户的农业生产具有长期平均总成本随着产量的增加而下降的特性。那么，农户在信贷约束下是如何兼顾生产成本和经营绩效的？从生产成本角度看，信贷约束会如何影响农户其他要素投入的决策？从经营绩效角度看，信贷约束是否会导致农户农业生产中农地生产率的损失，又是否会制约规模经济的形成？

　　近年来，农村金融市场相关部门已经出台多种类别的信贷产品，以满足农村经济的发展需求。然而，信贷约束依然普遍存在，且对农户农业规

---

[1]　关于农户面积和生产率的反向关系，参见弗兰克·艾利思的《农民经济学》。
[2]　引自弗兰克·艾利思的《农民经济学》。

模经营要素投入和规模经营绩效均可能产生负效应。因此，本书需要对农户面临信贷约束的影响因素做进一步研究，即农户潜在信贷需求动机的产生及其受信贷约束的影响因素。已有研究多从家庭资产禀赋和社会资本禀赋阐述正规信贷约束的缓解途径。然而现阶段的农地可流转背景引致的农户家庭农业资本禀赋的变化，形成了新一轮的信贷需求与约束激励。与小规模农业种植活动相比，当农户从事大规模种植活动时，他们的信贷需求将会大幅度增加且可能受到较严重的信贷约束。基于农业生产经营产生的信贷动机，农户受到信贷需求方和供给方约束的背后逻辑是什么；农业资本在其中产生的影响是否如已有研究所述；进一步地，如何在正规信贷上寻求到有效和可持续的约束缓解途径，以真正实现支持农业现代化的发展需求，这些都是值得探究的问题。

在正规融资存在广泛约束的情况下，实物融资是帮助农户平抑日常消费支出和分担农业歉收风险的传统融资渠道，在过去的中国农村亦被称为"赊账"，常见的是农户依靠自身信用购买农资（例如种子、农药和化肥）并延期付款的行为。基于乡土社会长期交往过程中逐步形成的约定俗成和共同恪守的行为准则，从经济学视角看，实物融资[1]是农户和融资供给者之间达成的一种"次优利润"的结果，有利于实现资金供需双方的共赢，其发生的本质是信用。实物融资是农村正规信贷市场失灵的情况下自发形成的有效替代机制。尽管乡土社会既有内生的实物融资制度，也有外生的金融体制改革方式，但农村地区金融发展仍然滞后且缺少内生成长。学术界也形成了较为一致的共识，我国金融市场的发展和发育程度远滞后于经济本身。

合约是实物融资发生的重要载体，有助于交易风险的降低和预期收益的实现，从而促进合作。作为一种具体的制度安排，合约的核心为缔约双方选择怎样的合约与能否有效执行合约。类似的还有当前广泛推进

---

[1] 实物融资制度源于"赊销制度"，赊销产生于古代，早在中国古籍《周礼·地官·泉府》中就有了春秋战国时期关于"赊"的记载。

的土地流转合约，根据已有文献资料可以看出，土地流转合约呈现出非正式性。在某种程度上，合约的选择关系到生产要素投入的规范化、法治化以及市场化的实现，特别是合约的不稳定和不完全极易诱发事后机会主义行为并产生纠纷，不利于长期稳定的农业生产经营和扎实稳固的"三农"工作推进。基于这些考虑，实物融资合约制度的规范化、法治化和市场化的优化发展显得十分必要且迫切。

现代融资理论研究认为，实物融资的使用动机主要有信息获取优势、控制买方优势、财产挽回优势、资产转移监督优势。因此，实物融资有助于带动农业的上下游主体的联动发展，其一方面可以促进上游实物生产要素交易市场的繁荣，另一方面可以为下游农户提供种植所需的实物支持来实现收益。然而，在实地调查中，我们发现并不是所有的水稻种植户都会选择实物融资，这可能意味着随着农户生产规模的扩张和融资需求的转变，实物融资扮演的角色与产生的作用正在发生分化。那么，农户为何不选择实物融资？他们放弃实物融资会选择正式融资吗？也就是说，实物融资与正式融资之间是相互替代的吗？

基于上述阐释，本书试图探究信贷约束对农户农业生产经营的影响，即信贷约束对农业生产的要素投入和经营绩效的影响，并从农业资本禀赋视角寻求信贷约束的影响因素，以创新缓解正规信贷约束的可能途径。具体从以下几方面着手研究：

（1）在农户农业生产规模分化的过程中，信贷约束对农户农地的流入规模决策有什么影响，影响程度有多大，是否会进一步影响农户其他要素的资金投入？

（2）在农业生产经营方式的转变过程中，信贷约束的存在是否导致农户的农业规模经营农地生产率降低、规模不经济？

（3）农户的农业信贷需求动机是什么？农户信贷需求不能被有效满足是源于需求还是供给，其背后的逻辑是什么？如何针对农户的农业信贷需求特征设计正规信贷产品，以更好地满足农户信贷需求？

第三节　研究目标与内容

围绕研究对象和研究框架，本书的研究目标与内容的具体设计如下。

一、研究目标

本书以水稻种植户为研究对象。基于信贷约束存在的前提假设，探讨信贷约束的存在对农户农业规模经营的一系列影响，并对正规信贷约束的影响因素作进一步探讨以创新信贷约束缓解机制。首先，基于现实状况，即农户普遍面临着信贷约束出发，分析信贷约束对农户农业规模经营要素投入和经营效益的影响。具体地，主要从要素投入角度对农户农地流入规模和其他要素投资水平决策进行分析；从规模经营绩效角度对农业规模经营的农地生产率和规模经营两方面进行分析。其次，从农户视角探析农户的信贷需求动机以及受约束的机制，并在已有研究对家庭资产禀赋、社会资本禀赋分析的基础上，着重探讨农业资本禀赋对农户信贷约束的影响。最后，基于上述分析从信贷需求视角出发，探讨农业信贷的创新机制途径，并以农地抵押贷款为例分析创新信贷产品试点效果。

二、研究内容

研究内容一：农业规模经营与农村金融市场的现状描述。

本书利用宏观和微观调研数据揭示农业规模经营和信贷市场的现状。宏观上的描述统计数据显示，全国农地流转面积、50亩以上农户数量、县域金融服务网点、机构贷款和农户贷款数量均呈现增长趋势。微观层面在江苏、湖南和江西的调研样本数据统计显示，现阶段农户的信贷需求资金的满足程度未达到50%。

研究内容二：信贷约束对农业要素投入决策的影响分析。

基于上述农户普遍面临的信贷约束前提假定，分析信贷约束对农业要素投入决策的影响。理论上，信贷约束会导致农户的农业生产无法达到利润最大化的最优要素投入点。

研究内容三：信贷约束对农户农业规模经营绩效的影响分析。

基于研究内容二中信贷约束对农户要素投入决策的影响分析结果，进一步研究信贷约束的存在对农地生产率的影响，并分析在农业规模经营方式转变过程中，信贷约束对农户农业生产规模经济的影响，从而分析出在信贷约束的持续存在下，农业适度规模经营的发展与降低农产品生产成本、提高农业市场竞争力的目标关系。

研究内容四：信贷约束的影响因素分析。

借助调研数据统计分析了农户正规信贷与非正规信贷的特征差异，进而进一步研究正规信贷约束，统计了农户的信贷动机、潜在信贷需求、实际信贷需求和实际获得情况。使用双变量 Probit 模型实证分析农业资本相关因素对信贷约束的影响因素。

研究内容五：农业规模经营的信贷约束缓解机制：基于实物融资合约治理视角。

从乡土社会传统的平抑家庭日常开支和分担农业歉收风险的手段实物融资制切入，理论研究农业规模经营引致的要素规模化驱动交易数量机制、要素质量化驱动交易关系机制、要素市场竞争化驱动交易关系机制，对实物融资合约演化的作用。通过构建 Heckman 模型进一步验证农业规模经营引致实物融资合约演化的作用程度与机制。

研究内容六：农业规模经营的信贷约束缓解机制：基于实物融资和正式融资互补视角。

构建"合同安排—信誉渠道—融资结构"的理论分析框架，考察了合同安排对实物融资与形式融资关系的影响以及声望渠道的作用机制。构建 Two-Part 模型进行经验分析，探究不同合约安排下，实物融资和正式融资之间存在的替代或互补程度。

研究内容七：农业规模经营的信贷约束缓解机制：基于正式融资创新视角。

首先，以国内已有的农地抵押贷款模式，对比了农地金融创新模式试点地区和非试点地区的农户信贷匹配情况，验证出农地金融试点对农户的潜在信贷需求的激励作用和信贷约束的缓解作用。进一步基于农业信贷供需约束的影响因素，设计可能的农业信贷创新模式"金融机构 + 土地证联保 + 农户"和"金融机构 + 农资公司担保 + 农户"。

第四节　本书结构

本书具体结构和内容安排如下：

第一章，描述现阶段的土地流转状况和正规信贷约束状况，引入本书的研究问题并介绍研究背景。

第二章，从信贷约束对农业生产的影响、信贷约束抑制效应及其缓解机制三方面进行文献综述，进而提出本书检验信贷约束对农户农业规模经营要素投入和生产绩效的影响，进一步从正规和非正规角度分别考察信贷需求、约束缓解因素与机制以及创新制度设计。

第三章，对本书的理论基础进行梳理，对关键概念信贷约束进行研究设计和说明。

第四章，对近七年农户农地流转规模变化趋势和农业贷款规模变化趋势进行研究，进一步描述金融机构贷款、农户贷款的变化趋势，结合微观数据，引出对微观经营主体农户面临信贷约束的基本假定。

第五章，基于江苏、湖南和江西农户调查数据，分析信贷约束对农户的农业生产要素投入决策的影响。具体地，第一，实证分析并检验信贷约束对农户农地流入规模决策；第二，实证分析其对农户农业规模经营单位其他投入要素成本的影响。

第六章，基于江苏、湖南和江西农户调查数据，分析信贷约束对农户的农业生产规模经营绩效的影响，并具体地实证分析信贷约束对农户规模经营农地生产率和形成规模经济的影响。

第七章，基于农户调查数据描述和分析农户的信贷需求动机，分析正规与非正规信贷渠道农户信贷特征差异，明确正规信贷在农户农业生产中的主导地位，进一步分析正规信贷约束的影响因素，在理论上和实证分析中探讨农业禀赋对正规信贷约束的缓解作用。

第八章，基于农户调查补充数据分析农业规模经营引致的要素规模化驱动交易数量机制、要素质量化驱动交易关系机制、要素市场竞争化驱动交易关系机制，共同促进实物融资合约向正式治理演化，利用理论和实证分析探讨信贷约束缓解机制——实物融资的合约治理。

第九章，基于江苏水稻种植农户的调查数据，在"合同安排—信誉渠道—融资结构"的理论分析框架下，考察了合同安排对实物融资与正式融资关系的影响，通过理论上和实证分析探讨信贷约束缓解机制——实物融资与正式融资的关系。

第十章，结合第七章、第八章和第九章的实证研究结论，探索现阶段可行的信贷创新机制，对农地抵押贷款试点地区作对比分析，探讨农地抵押贷款试点对农户信贷约束的缓解作用。

第十一章，总结全文，提出政策建议，并展望未来。

第五节　技术路线

本书的研究设计包含理论基础与文献综述、调研设计和获取调查数据。具体逻辑分析框架包含四个部分：第一部分从农地和其他要素两个层面分析信贷约束对农户农业要素投入决策的影响，第二部分从农地生产率和规模经济两个层面分析信贷约束对农户农业规模经营绩效的影响，第三部分从需求方和供给方两个层面分析正规信贷约束的影响因素，第四部分则对农业规模经营的信贷约束缓解机制进行研究。本书技术路线图如图1-1所示。

```
                        ┌─────────────────┐
                        │  研究方案设计    │
                        └─────────────────┘
              ┌───────────────┼───────────────┐
              ▼               ▼               ▼
   ┌───────────────────┐ ┌───────────┐ ┌───────────────┐
   │ 理论基础与文献综述 │ │ 调研设计  │ │ 获取调查数据  │
   └───────────────────┘ └───────────┘ └───────────────┘
                              ▼
                        ┌───────────────┐
                        │ 逻辑分析框架  │
                        └───────────────┘
                              ▼
   ┌──────────────────────────────────────────────────┐
   │ 信贷约束对农户农业要素投入决策的影响分析          │
   └──────────────────────────────────────────────────┘
              ┌──────────────────────────────────┐
              ▼                                  ▼
   ┌───────────────────┐            ┌───────────────────┐
   │ 农地流入规模      │            │ 其他要素投资水平  │
   └───────────────────┘            └───────────────────┘
   ┌──────────────────────────────────────────────────┐
   │ 信贷约束对农户农业规模经营绩效的影响分析          │
   └──────────────────────────────────────────────────┘
              ┌──────────────────────────────────┐
              ▼                                  ▼
   ┌───────────────────┐            ┌───────────────────┐
   │ 农地生产率        │            │ 规模经济          │
   └───────────────────┘            └───────────────────┘
   ┌──────────────────────────────────────────────────┐
   │ 农业信贷约束的影响因素分析                        │
   └──────────────────────────────────────────────────┘
              ┌──────────────────────────────────┐
              ▼                                  ▼
   ┌───────────────────┐            ┌───────────────────┐
   │ 需求方约束        │            │ 供给方约束        │
   └───────────────────┘            └───────────────────┘
   ┌──────────────────────────────────────────────────┐
   │ 农业规模经营的融资约束缓解机制研究                │
   └──────────────────────────────────────────────────┘
```

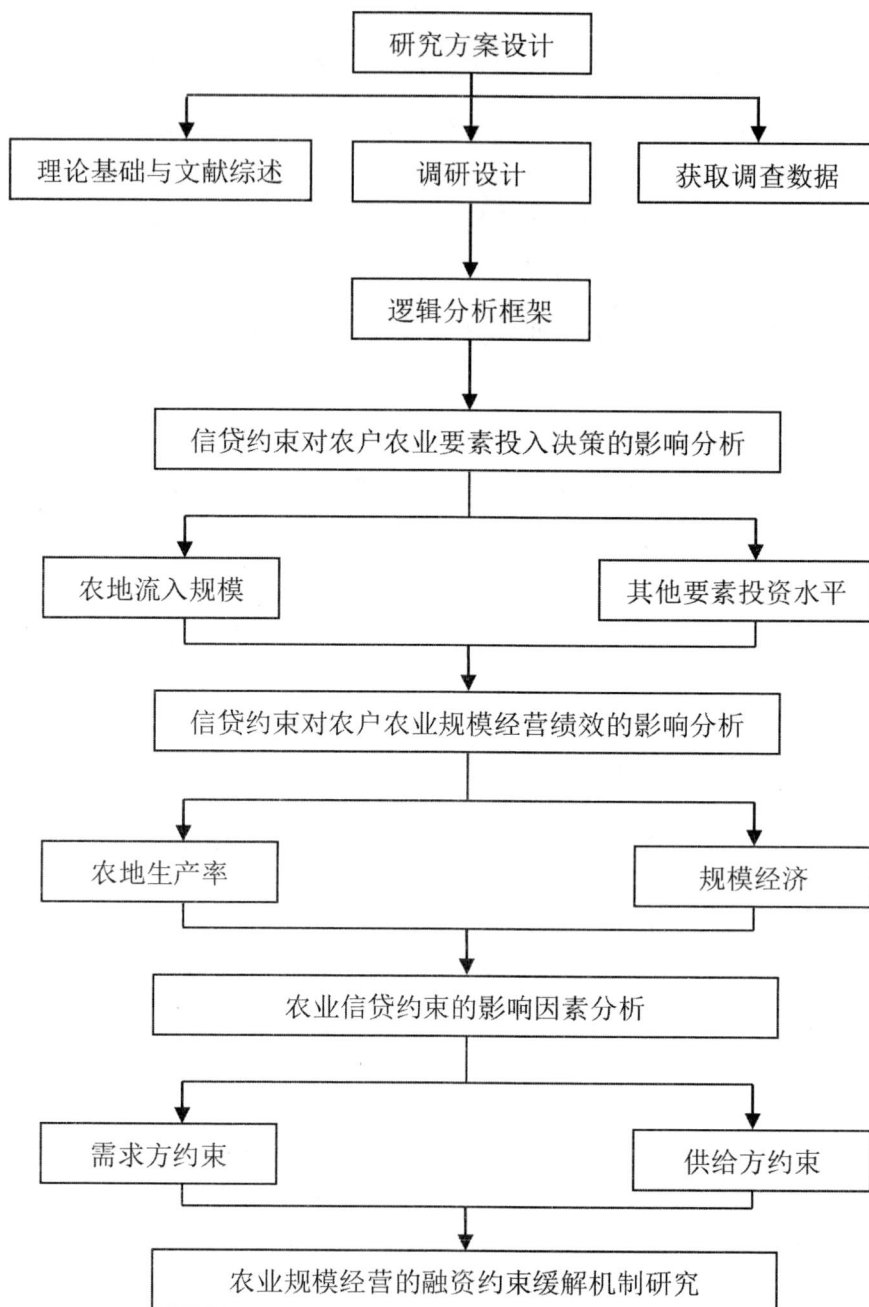

图 1-1　技术路线图

第六节　数据来源

本节数据主要来源于以下两方面：

第一，宏观数据部分来自《中国统计年鉴 2015》《江苏统计年鉴 2015》《湖南统计年鉴 2015》《江西统计年鉴 2015》；农业规模经营和农村金融服务情况统计选自 2010—2016 年《中国农村经营管理统计年报》和《中国农村金融服务报告（2014）》。

第二，微观数据选取 2015—2016 年度江苏、湖南和江西三省份调研数据。江苏是我国主要的外来劳动力接受省份之一，而湖南和江西是我国农村劳动力流出大省。具体采取分层抽样的方法，先在各省份选取经济水平发展较好和较差的县域 6 个，然后对各县域按照经济发展水平的差异选取经济发展水平较高和较差的 2 个或 4 个乡镇，并在每个乡镇中按照经济发展水平好坏选取 3 个或 6 个村，在每个村抽取从事水稻生产的大、中、小农户共 10 户，三省份地区调研共获得水稻种植农户样本 789 户。在调研过程中发现，湖南和江西农村金融市场的发展处于较低水平。湖南获得有效农户样本 165 户，其中有正规信贷需求的农户仅 65 户。江西获得有效农户样本 308 户，有正规信贷需求的农户仅 83 户。因此，又在江苏做了调研，获得有效样本 302 户，获总有效样本 775 户。

本书基于实物融资视角的信贷约束缓解机制的研究，数据包含后续两次农村入户调查。第一次于 2016—2017 年赴苏中地区入户调查，采取了分层随机抽样的调查方法。首先，根据人均地区生产总值将各县划分为 3 个等级，从每个等级中随机抽取 3 个代表县；其次，从样本县中随机选择 4 ~ 6 个村庄，并在每个村按是否流入农地选取大和小水稻种植户 8 ~ 10 户入户调查获取农户样本，共获取有效样本 442 份 。为了更好地刻画出农业规模经营发展的较长时间跨度下，实物融资合约制度的演化趋势与过程，本书增加了第二次 2020—2021 年赴苏南、苏中和苏北各地区的入户调查，由于该次预调查发现农村地区以流入和流出农户为主，因此采用了判断抽样的调查方法，共获取有效样本 453 份。

第七节　研究的可能创新

本书以农户家庭面临的信贷约束为研究起点,关注农户受信贷约束下的农业生产经营要素投入决策和规模经营绩效。基于已有研究,将农业资本禀赋纳入农户信贷需求和约束的分析框架中,分析农户面临信贷约束的影响因素,试图利用农业资本禀赋寻找并设计可缓解信贷约束的创新机制。因此,本书的可能创新在于以下几点:

第一,已有研究关于信贷约束对农业生产投资的影响主要在于投资总额和生产性固定投资上,未将投入要素进行细分研究。农户的农业生产经营活动出现分化,部分农户的农业生产经营已发生“质”的变化,从零散的细碎化生产向适度规模经营生产方式过渡,其对外部融资需求也在相应地发生重大变化。在信贷约束普遍存在的前提下,本书关于信贷约束对农业生产要素投入决策的影响研究中,将要素投入细分为农地规模、农机固定投资(非主要)和其他要素资金投入[1]。

第二,农业规模经营与农地生产率和规模经济形成关系的分析框架中,已有研究中并未考虑信贷约束这一因素的影响。本书加入信贷约束这一变量,从理论和实证上揭示信贷约束对农户农业生产规模经营形成的影响。在实证分析中,本书进一步将农户规模的分化考虑进信贷约束对农业生产率的影响,将要素成本的不同类型考虑进信贷约束的存在对农业的规模经济形成影响。

第三,考虑到已有研究未从农业资本禀赋视角研究信贷约束的影响因

---

[1]　本书其他要素资金投入即要素投入成本(支出),借鉴许庆对农业生产要素投入成本的细分,本书水稻生产要素投入成本主要包含农资(种子、农药和化肥)成本、农机服务(机耕、机灌、植保和机收)成本、雇工成本、家庭用工成本和农地成本,并将其细分为现金成本(支出)和生产成本(支出)。其中,现金成本(农资与农机服务费用 + 雇工费用)和生产成本(农资与农机服务费用 + 人工成本 + 土地成本)在第二章、第五章和第六章中均会出现,并在第五章中模型变量设定会进一步作详细解释说明。

素，本书将农业资本禀赋引入已有的信贷需求分析框架中，考察其对农户正规信贷的需求方和供给方约束的影响。本书利用调研样本数据，检验了农业资本禀赋对农户信贷约束的缓解作用。本书基于农村信贷互联制度的分析框架，从农业资产视角出发，以"硬信息"和"软信息"理论为基础，分别探讨"农地联保信贷"和"金融机构＋农资中介"的农业信贷互联创新机制。

第二章　概念界定与理论基础

第一节　概念界定

本书的核心概念主要涉及农业规模经营、农村金融市场和乡土社会三个方面。具体而言，农业规模经营层面的核心概念有要素投入决策、规模经营绩效和农户资本禀赋，农村金融市场层面的核心概念有信贷约束和实物融资，乡土社会层面的核心概念指乡土社会关系。

一、信贷约束

信贷约束是本书的核心概念，与此相关的概念有信贷配给、信贷可得、信贷机制和信贷制度等，本书首先对信贷约束这一概念进行初步的界定。

已有研究就信贷配给的概念界定做了一系列的发展和完善，从配给的形成原因来划分，信贷配给主要包含价格和非价格配给两类，而在实证研究中的定义主要强调信贷合约中的非价格条件的影响。信贷约束的概念在研究中经常和信贷配给的概念交替使用，但其在严格意义上是有区别的。

信贷配给是指贷款者，主要指金融机构愿意贷款数额和实际贷款金额之间的差额，这个差额通常是贷者自己选择的结果。信贷约束是指借款者的信贷需求超过贷款者供给的贷款数额，且合约条件没有表现出要改变的倾向。信贷配给是从贷款者的角度看，衡量了能够放贷和愿意放贷之间的差额，从而体现出信息不对称的程度。信贷约束是从借款者的角度看，衡量信贷约束的主要依据是借款者愿意借款的最大额（不是贷款者能够放贷的最大额），即借款者最终是否受到信贷约束以及受到多大程度的信贷约束，不但取决于贷款者设置的贷款上限，还取决于其最优借款需求。因此，本书从信贷合约参与主体——信贷供需双方出发，使用信贷约束衡量农户愿意借款和能够获得的信贷最大额。

（一）名义信贷需求

在一个信息对称、交易成本为零或确定的完全市场中，农户家庭的信贷需求可被观察，即农户对信贷的需求与信息不对称、获得概率和抵押担保等因素无关，有效信贷需求得到满足的概率为1。

（二）有效信贷需求

在不完全信贷市场中，农户的信贷需求函数可以视为农户的有效信贷需求函数。农户的有效信贷需求与交易成本、抵押担保和获得概率等有关。

（三）潜在信贷需求

第一种情况是，当农户有生产性信贷需求时，若贷款的边际收益等于或高于应支付的利息，农户就会产生名义信贷需求；相反，如果应支付的利息高于贷款的边际收益，农户只存在对贷款的需要而没有需求。第二种情况是，贷款的边际收益高于或等于应支付的利息，但还需计入利息外的交易费用，如办理信贷的繁杂手续所消耗的时间成本，导致农户的总贷款成本高于贷款带来的边际收益，此时，农户不会选择申请贷款即交易成本约束。第三种情况是，农户贷款的边际收益率不低于利率，但出于抵押和风险偏好等原因，农户不愿申请贷款，即风险约束；或者农户根据以往的贷款经验预期自己获得信贷的概率很低,即无信心约束。这类没有实际的借款申请行为被称为"潜在需求"。因此,农户的信贷需求可分为以下两类:有效信贷需求、潜在信贷需求(贷款成本和非价格因素限制了需求)。

(四)信贷供给

如果一笔贷款的风险高于平均贷款水平,贷款者往往不愿意在均衡利率水平下对借款者放贷更多数额,此时市场中会出现超额的信贷需求。已有研究将均衡非价格信贷配给定义为下述两种情形:第一,在相同的信贷申请者中,一些获得了贷款而另一些即使愿意支付更高的价格,其信贷申请也会遭到拒绝;第二,在给定信贷供给的条件下,即使信贷供给增加,信贷申请者在任何利率条件下也不能获得贷款。本研究主要从数量上衡量金融机构对农户信贷需求的供给方约束,不考虑具体的约束原因。

根据上述信贷需求和供给的识别机制,本书定义信贷约束为具有潜在信贷需求或具有有效信贷需求但未被完全满足的情况。其中,需求方自身对信贷需求进行约束造成需求未被满足的情况为需求方约束,相对应的"交易成本约束""风险约束""无信心约束"则为需求方信贷约束成因,受到需求方信贷约束的农户其有效信贷需求降低甚至为零。供给方对信贷需求进行约束造成需求未被满足的情况为供给方约束,在后续研究中均以此界定信贷约束。

二、要素投入决策

本书首先介绍农业规模经营的概念,再将要素投入决策分为农地规模流入和其他要素投入两种决策。

农业规模经营。农业规模经营主体是以市场为导向,以最大化利润为动机,从事水稻生产(可包含加工和销售),实行自主经营和自负盈亏的适度规模的农户家庭。在我国农村劳动力转移较快、较多,且周边经济较为发达的地区,农业生产朝着土地连片的大规模大宗农产品种植方向发展。这种由农户家庭从事的农业规模经营,大量地依赖于生化技术、农业机械化，可以充分提升农业生产要素的效率。因此，农户极大地改变了农业要素的投入规模和结构，形成了农地规模流转、劳动分工深化、民间资本投资的要素投入特点，各要素将被更加高效、更加优化地配置，农户将以更低的成本从农业规模经营中获取物质财富和知识财富。

农业规模流入。农业生产的土地包括耕地、林地、草地和其他农用地，耕地是种植业最为基本的生产要素，对水稻种植农户而言，分析耕地经营规模与农地经营规模是一致的，农地规模指农地面积即耕地面积，后续分析中对这一概念不作区分。本书用农业生产可利用的资源（即农地的实际数量）来表示农地经营规模大小（即农户大小）。我国的农业规模经营发展尚处于转型阶段，许多倾向从事农业规模经营的农户尚处于规模经营初期，农户流入的农地面积有大有小。考虑到在第五章、第六章、第七章和第十章中，研究样本处于长江中下游，包括江苏、湖南和江西，这三个省份具有人口密集特性，家庭户均耕地面积水平较低，一般农地经营面积在10亩以上的农户为农地流入户。因此，以10亩作为划分标准，农地经营规模10亩以下为小规模农户（即小农户），10亩以上为农业规模经营农户（即大农户）。下文将用"农地规模"或"农地面积"来表示农户经营的农地面积。在第八章和第九章中，研究样本处于长江中下游，只涉及江苏，因此，耕地面积达20亩的农户为规模户。

其他要素投入。本书用单位农地（亩）要素资金支出（即单位要素成本）来衡量要素投资水平指标。在本书的后续研究中，要素支出和要素成本[1]是一个概念，为了便于理解，在第五章中使用"要素支出"，第六章中使用"要素成本"。

随着农业规模经营的推动和发展，农业规模经营概念外延从传统的规模化、专业化和机械化发展阶段到如今涉及生物、人工智能和环保等方面生化技术的发展阶段。"十四五"时期，关于农业高质量发展路径还提及

---

[1] 与第一章第七节中提及的一致。现金支出／成本（农资与农机服务费用＋雇工费用）；生产支出／成本（农资与农机服务费用＋人工成本＋土地成本）。

了农业碳减排的问题。农业规模经营发展一方面有利于加强农业核心技术研究与推广应用，使生化技术得到有效激发，提高肥效，降低 NO（指一氧化氮）排放，改善水稻灌溉方式，控制 CH_4（指甲烷）排放；另一方面有利于改善农业管理，增加农业碳汇，如秸秆还田、保护性耕作、有机肥增施和土壤肥力提升等技术。因此，农业规模经营的发展是让农民的经营水平不断提升、农村的产业体系不断完善、农业的生化科技不断夯实，从而实现更高质量的农业规模经营，满足农村经济发展。

三、规模经营绩效

本书拟以农地生产率和规模经济两个指标来表征规模经营的绩效。由于我国劳动力资源丰富，而土地资源稀缺，所以应提高农地生产率。农地生产率是指农户经营农地的生产力，考虑到不同地区的农产品价格存在差异，在研究水稻作物时，实物量更能准确描述生产率的概念。因此，本书使用水稻的亩均产量来衡量农地生产率。

规模经济是指通过扩大生产规模而引起经济效益增加的现象，本书用单位产量的生产总成本来衡量。萨缪尔森等研究者提出当全部生产因素按照相同的比率提升时，会导致生产率的不断提升或者生产成本一定程度的下降，这种现象被称为规模经济。反观"同比例"的阻碍条件可发现，仅在生产成本随生产规模的发展而降低时，或产出增加的比例大于投入增加的比例时，就会出现规模经济。曼昆等研究者更是明确指出，规模经济就是生产成本随农产品的产量的提升而呈现逐渐减少的特点。但这并不是让农户一味地扩大农业生产规模，毕竟规模经济最终的目的是对净收入的获取，也就是要求农户必须把握自身在获得最大净收入时的生产规模。

四、农户资本禀赋

本书基于农户所处的外部金融环境和自身拥有的禀赋特征，将农地抵押贷款试点地区、农地经营权剩余期限与参与农业合作组织状况设定为农户的农业资本禀赋，将声誉、声望累积成本设定为农户的社会资本禀赋。

农地抵押贷款试点表示农户是否处于农地抵押贷款试点镇；农地经营权剩余期限表示流转户的剩余承包年限；参与农业合作组织则表示农户是否加入农业生产合作组织。

声誉（如个体声誉）属于人力资本，是一种不可交易、不可替代也不能编纂的资产。根据信号传递理论，声誉的高低在一定程度上可以作为个体信用高低的替代变量。本书的声誉指在乡土社会中农户之间通过漫长时间的相互交往而积累的个人声誉和家庭声誉。随着乡土社会的经济发展与制度变迁，农户拥有了不同的声誉值，并在后续漫长的时光中维护与保留。声誉的高低体现了当前农户对自身口碑或道德的要求，及其希望在左邻右舍中塑造的形象。

声誉积累成本是指农民为维持一定程度的声誉而发生的成本。理论上，农户的声誉累积成本一方面受个人自我施加的压力影响，另一方面受到外界施与的约束影响。因此，自我施压较大或外界约束较高时，农户容易产生高声誉累积成本。高声誉农户会更加珍视自己在乡土社会中的声誉，声誉的约束力较高，因而他们的声誉累积成本较高，低声誉农户则相反[1]。

五、实物融资

实物融资指短期商业借贷行为，实际为延期支付商品货款，在中国农村亦称为"赊账"或"赊销"。融"资"即融"实物"，实物在本书中指种子、农药和化肥三类，在后文中亦统称为农资。已有研究中的相似概念有商业信贷、贸易信贷等。

实物融资的合约安排通常包含合约形式、合约期限、合约租金和稳定性等信息。本书关注合约安排中合约形式这一信息，并将其划分为口头合约和正式合约两种类型。口头合约依靠熟人信任运行，熟人关系可以降低

---

[1]　需要说明的是，低声誉农户包括村庄中声誉极低的极少数人，这些人往往较难参与实物融资。

融资双方的信息不对称程度，并对缔约农户还款起到监督作用；正式合约则依靠法律制度运行，法律规则可以缓解融资双方的信息不对称程度，并对缔约农户还款进行监督。

六、乡土社会关系

美国社会学家马克·格兰诺维特（Mark Granovetter）在 *The American Journal of Sociology* 发表 *The strength of weak Ties* 一文，首次以理论定义的方式提出"强关系"和"弱关系"两个相对的概念范畴。一般认为，强关系连接是一种稳定深厚的社会关系；弱关系连接相较于强连接是一种灵活广泛的社会关系。中国的乡土社会具有这样一种关系特点，谓之"差序格局"，指每个人以自己为中心，推己及人，距离中心的远近可以标示社会关系的亲疏。基于上述理论基础，本书以关系的亲疏为标准将乡土社会关系分为强关系或熟人关系、弱关系或无关系。

第二节　理论基础

本节首先介绍一些与本书相关的核心经典理论做一些铺垫，包括农户理论、农业规模经营理论、农村金融发展理论和交易成本理论，以便更好地阐述以及理解后续的研究内容。

一、农户理论

农业经济学家恰亚诺夫（A. V. Chayanov）在对农户家庭行为[1]研究的基础上，于1926年提出了恰亚诺夫模型。Mellor、Sen、Nakajima 等在恰

---

[1]　理论主要分析农民（劳动力）对闲暇和工作之间的时间分配行为。

亚诺夫模型的基础上，对其模型进行了深入研究，使其研究的广度和深度得到拓展。恰亚诺夫在其模型中作了四个假设：假设一，农业产品既可以用来自己使用，也能够当作产品进行出售，在将其放入市场的过程中，对农业产品进行估价和价值估量；假设二，对于任何有需求的农户，都会有土地进行耕种；假设三，农户家庭内人员工资不依赖于外部，农户不需要雇佣劳动力；假设四，规范性的农户社区使消费水平控制到最低。恰亚诺夫所说的小农家庭农场区别于资本主义企业主要体现在两个方面：一方面，小农家庭主义农场依靠自身劳动力而不是雇佣劳动力；另一方面，小农家庭主义农场的产出主要满足家庭自身消费，是一种自给自足的经济方式，而不是追求利润最大化。因此，小农经济具有规避风险的生存逻辑，即"道义经济"，这样的小农经济是非理性和低效率的。

Schultz 在 1964 年提出了利润最大化农户理论。该理论以传统农业的经营模式为背景，以西方经济学基本假设来刻画小农。小农与任何资本主义企业家一样，都是"理性人"。与之持有同样观点的还有 Popkin，他在 1979 年提出农户是理性的命题，并指明"我所指的理性意味着，个人根据自己的偏好和价值观来评估自身行为选择的后果，然后做出能够最大化期望效用的选择"。因此，小农会出现"进取精神"，合理使用并有效配置资源，即小农是理性和有效率的。Upton 在 1968 年的研究中对 Schultz 的假说进行了批判，在 1960—1980 年，农户增产的市场约束等问题则被忽略，农业发展中重视农业生产技术的发展。只有农户的生产技术实现了创新，才能加大农户发展的空间，使农业发展在社会中的比重越来越大。Upton 等学者提出 Schultz 假说并不提倡农户用减少投入的方式来提升自身的经济收益。

Lipion 在 1968 年提出的最优化农户理论[1]同样否定了舒尔茨所阐述的"贫穷而有效率"的观点。该理论是对农民经济行为理论的梳理和总结，一般假设农民追求一个或多个家庭目标的最大化。对于传统小农而言，产

---

[1] 最优化农户理论包含追求利润型农户理论、风险规模型农户理论、劳苦规避型农户理论、部分参与市场的农户理论和分成制农户理论。

量、收入和闲暇是影响农户家庭效用函数的主要因素；对于兼业农户而言，收入是影响效用函数的主要因素；对于商品（农产品）生产农户而言，利润是影响效用函数的主要因素。进一步关注追求利润型农户理论，已有研究总以劳动生产率、技术效率、投资利润率等指标来衡量经营绩效的优劣。尽管农户都以家庭效用最大化为目标，但不同类型农户的家庭效用函数构成不尽相同。因此，最优化农户理论从不同角度、不同侧面分析并解释了农户行为，在分析农户的农业生产经营决策与绩效时提供了理论基础，即需要考虑不同类型农户经营目标的差异性。

在发展中国家，农户农业生产经营具备弱质性特征，市场信息匮乏、信贷市场规制不够健全、市场不够稳定等问题频繁出现。同时，农户在忍受外部条件干扰的同时，还要遭受自然灾害的影响，而这些因素的总和导致农户达到利益最大化的目标变得艰难。而农户对新技术与新品种总是存在着犹豫、观望与排斥态度，尽管农业生产新产品和新技术的出现会使农户获得更多利润。理性小农理论是基于传统研究中的小农户得出的，与我国当前大量的小农经营具有一致性。小农经济是一种传统的农业生产方式，其最根本的特点是自给自足。在没有外部冲击的影响下，自给自足的传统生产方式趋于稳定，因此形成了农民数千年在土地上的长期生长。随着改革开放的深入，不断推进着农村农地制度改革、市场化改革、户籍制度改革，这些制度的变迁影响着传统小农的理性行为，具体而言，表现为由生存理性向经济理性的转变。这种经济理性的转变促使农户的分化，形成了纯农户、兼业农户和非农农户，从农业经营规模分化视角来看，形成了传统小农和规模经营农户（家庭农场和专业大户）。对于部分农户来说，土地不再是农户赖以生存的唯一途径。现实中，部分农户选择非农就业增加和提升家庭收入水平，因而出现弃农离农的现象；还有一部分农户选择流入规模农地，扩大农业生产经营规模，成为农业产业经营主体。

农户的经济理性对农户的分化产生了推动作用，在农户理性假设下考察农户农业生产经营决策与绩效，有必要区分农户群体的异质性。对不同类型的农户而言，农地规模经营决策和农业规模经营绩效也截然不同。此外，农户在决定农业生产经营决策时，除内部生产要素农地的供给状况、农资供需状况等，还要充分考虑到外部生产要素（如金融服务）供给状况以及技术的可得性。

二、农业规模经营理论

关于农地规模和农地生产率的反向关系，一开始是由恰亚诺夫发现的，相关研究者也在随后的研究中加以验证。目前，学术界就农地规模和农业生产率之间的关系未达成共识，依然存在诸多争议。就这一问题的理解，现有研究主要以下述两种方式展开：第一，保持其他投入要素不变，从农户的实际耕地面积或者播种面积角度进行考虑；第二，以农户作为生产单元，从所有生产要素以某一比例同时增加的角度进行考量。第一种主要以农地资源的配置效率为出发点，第二种主要以农业生产投入要素的规模经济为出发点。这两种方式都是从农地规模变动出发考量物质生产率的变动。

规模经济又称"规模利益"，是指在既定（不变）技术条件下，对于某一产品（无论是单一产品还是复合产品），如果在某些产量范围内平均成本是下降（或上升）的话，就认为存在着规模经济（或规模不经济）。由此可知，规模经济描述的是在技术水平给定的情况下成本与产量之间的变动关系。具体地，当扩大经营规模带来的产量增加，而单位产量的平均生产成本递减时，则发生了规模经济；而单位产量的平均生产成本随产量增加没有发生递减时，则存在规模不经济。规模经济的发生往往提高了生产利润水平，但在一定区间范围内才存在。

农地生产率和规模经济从产出和成本的角度为评价规模经营绩效提供了标准。就大田粮食作物而言，农户多是产品市场的价格接受者，提高农地生产率则意味着实现粮食产量的增长。从生产成本角度来看，实现成本的最小化就意味着利润最大化，因此，农地生产率的增加和规模经济的形成有利于提升我国粮食市场的国际竞争力，对信贷约束下的规模经营绩效进行分析具有现实意义。

三、农村金融发展理论

农村经济是经济整体不可或缺的一部分，由于其所占的特殊位置，所以要经常受到经济发展规制和相关政策的干扰。在发展中国家的农村金融规制中，有三种经典的农村金融理论支配着农村金融政策的制定和市场的发展：农业信贷补贴理论、农村金融市场理论和不完全竞争市场论。

在 20 世纪 80 年代以前，农业信贷补贴理论在农村金融理论中占主导地位，是主流的理论学说。该理论的前提是农民经济能力较差和农村经济水平较低、储蓄能力较低，从而产生资金不足的问题。另外，农业产业具有的收入不稳定、投资周期长和收益水平低的禀赋特征，使其获得融资与商业银行的利润最大化经营目标相左。因此，为了增加农村的农业生产、改善农村的经济结构、完善农村的金融体制和缩小农村与城镇的经济差距，就必须将农村外部的政策性资金注入，建立专门的非营利性机构进行资金分配。根据农业信贷补贴理论，可以得出若想改善农业产业相较其他产业的低效率状况，使其逼近相关或其他产业的经济收入水平，就需要改善农业的融资利率低于其他产业的利率水平这一现状。同时，农村地区盛行的以高利息率为特征的非正规金融（高利贷），不仅会使农户变得更加贫穷，更会阻碍农业生产的进步和农村经济水平的发展。为了避免农户受到高利贷的影响，政府通过组织建立农村银行和农村合作社，增加对农村的金融支持力度，使大量政策性资金流入农村。基于该理论，适用于贫困农民的专项借贷项目在当时也兴盛起来，产生了极大的反响，得到了众多农户的支持与信赖。

从 20 世纪 80 年代至 20 世纪 90 年代，农村金融市场理论便逐步替代了农业信贷补贴理论的位置和作用。不同于农村信贷补贴理论，农村金融市场理论主要强调市场机制的作用，因此，二者在实质上是全然不同的。农村金融市场理论认为，农村居民（包括贫困农户）虽然存在经济实力上的不足，但不可否认其具有基础的储蓄能力，所以取消了政策性资金的注入。同时，该理论指出银行向农户提供的低息借贷项目阻碍了农村居民向金融机构存款和金融体制的建设进程，进而抑制农村金融的发展。除此之外，该理论还表示农村经济体制的发展过分依赖外部资金的支持，这就阻滞了农户自身的经济发展，从而降低了农户的贷款还款率，且从此角度来看，该理论在一定程度上肯定了非正规金融机构高利率存在的合理性。基于此，农村金融体制的改革和完善是必要的。在农村金融市场论中有五种政策的存在：其一，农村金融体制的改革与完善的关键就是农村发展内生出的内部金融机构，其中，发动农户积极进行储蓄是重中之重；其二，为了达到农户积极储蓄动员的目的，实现农村资金供求和经济平衡的目标，利率的制定必须由市场决定，且真实的存款利率不能为负；其三，判断农村金融发展是否成功，应是作为中间人的金融机构所提供的成果展示以及经营的独立性和可持续发展性；其四，取消低息专项借贷项目的存在；其五，对于非正规金融群体，应看到其在农村内生出来的合理性，不可盲目地进行打压抑或一刀切式地取消，而是做到将正规金融与非正规金融相互联结，或借鉴非正规金融将正规金融融入农村。

20世纪90年代以来，发展中国家的金融市场的发展并不完善，不能称为完全竞争，因为金融机构作为放贷主体，不能完全掌握借贷人的信息，这就导致农村金融市场无法依靠市场机制的调节来产生乡土社会所需要的金融市场。为了改变这种市场低效率的情况，非市场要素（如组织化借款人或政府等）显得尤为重要，依靠将这类非市场因素作为中介力量来调节并发展农村金融体制与市场，以组织化借款人为代表的小组贷款模式尤为成功。同时，小组贷款将同类型的借款者聚集到一起，有效地解决了逆向选择和道德风险问题。而政府在农村金融市场的发展中扮演的重要角色，应该是一种辅助作用，起到平稳过渡和稳定市场的作用。从政府的角色来说，政府对于金融市场的监察和干预不应是直接的，也不应是随便的，而应是具有一定的行为标准和准则的。

农村金融发展理论在农村金融体制改革与完善的进程中提出的政策建议如下：其一，把握宏观经济状态稳定的条件，如低通胀；其二，在当前农村的金融体制建设和金融市场发育阶段，加大对存款利率的把控以保证其不为负数，同时，还要控制贷款利率的增长，若出现了信用及其相关问题，可允许政府的干预，即保证在不损害金融机构利益的情况下提高储蓄水平，并给予外部资金的支持；其三，在不损害银行利润的前提下，可实行低息融资；其四，政府可以加大对联保小组、互助小组等类似的小额贷款项目的鼓励程度，进而在一定程度上规避信息不对称带来的高违约风险问题；其五，通过加大对融资担保、互助基金等方法的利用，在一定程度上改善信息不对称带来的逆向选择和道德风险等贷款问题；其六，将实物买卖与货币融资相结合，进而提高借贷款回收率，降低贷款违约风险；其七，政府酌情加大对金融机构的保护，采取一定的保护性壁垒政策；其八，通过政府引导非正规金融机构，规范其与正规金融共同协调发展。

四、交易成本理论

科斯在1937年首先提出了交易成本理论，认为交易是主体，要对交易的类别进行监察，同时根据交易的特点对其进行整理、归类与分析，并考虑组织规制与交易类别的调整和匹配等问题，从而选择更低的交易费用。按照科斯理论，要使进行的生产活动、交换活动的资源使用表现出一致性，就需要设定所有交易活动的成本均为零。在交易资金为零的背景下，仅仅用市场调节机制进行交易，任何企业和规制都不能为其供给选择依靠和方向，也不能简单地依赖经济体制对其展开分析。但在实际的市场活动中，市场交易的主体必须对交易成本进行慎重的估量，由此，就产生了各种规制和理论的存在，同时，交易成本的涵盖范围非常大，也可以说交易成本与规制成本在某种程度上可以等同。

对于交易成本概念的界定可以是除物质产品的生产过程外的所有资金总和。以此定义为理论背景，可以对不同组织形态在经济运行中所存在的问题进行充分解释，任何需要经过实施者、代理人、管理者、监管者等的活动安排，均会因为组织的存在而构成组织成本，也就是交易成本的存在。在一定环境中，如无法对某一件产品零部件价格或每位员工个体所付出的努力水准进行确定的估量，这时以降低高水准的交易成本为目的，工人多会于某一家工厂进行集中作业，通过厂商管理实现资源配置，通过法律合同方式对自身劳动使用权进行契约转让,并对交易进程予以控制与完善,这样就使交易在市场中不再需要员工的实际介入。这时,厂商是一种有明确制度的规制,实现了顶替市场的目的。由于厂商支付了一定的内部监督成本与管理成本来确保组织正常运行,会增加最初被节约的交易成本,随着交易成本的不断提高,会导致厂商的优势与交易成本提高的现象成反比的关系,即优势逐年下滑,以期能够找到一个双方都会接受的平衡点,保证市场和厂商在这种均衡的情况下不存在优劣势之分。

市场和经济规制之间所暴露出的不足之处均可使用交易成本理论给予合理的探索与分析,但由于交易成本的类别繁杂,不容易进行准确区分和衡量。但是,区分与衡量的难题从另一个角度却能进行解释。因而,在交易成本理论的发展过程中区分与测度变得日益重要。Williamson 等研究者以简便的划分方式为落脚点对交易成本进行分类,可分成违约成本和议价成本等多元的类别。Riordan 和 Williamson 以交易发生的时间为切入点,将交易成本分成两类:一是交易前,即事前成本;二是交易后,即事后成本。综上所述,我们发现,公共政策与交易成本理论是相互联系的,交易成本的进步影响着公共政策的发展。从内部结构来看,组织结构与行为变化都深受制度安排与政策设计的影响,而交易成本变化直接影响制度安排与政策设计。从一定意义上来讲,交易成本理论能够对农户的农业生产经营以及正规金融机构的信贷交易进行解释。

第三节　国内外研究动态

由于中国农业长期以来处于小农经营状态,信贷约束问题虽已得到广大研究者和政策制定者的关注。但对于信贷约束对农户农业规模经营的影响少有研究,近几年政府对银行信贷服务的监察使农民的信贷水准得到了提升,这就加大了农民自身所拥有的可周转的资金数量,同时加大了农村农地流通和周转的概率,扩大了农地流动的范围。

依据本书的研究目标，与之相关的文献主要包括：农业规模经营研究综述；信贷约束与农户投资、利润和福利的关系研究；农户信贷需求动机与约束形成原因研究；农业规模经营的信贷约束缓解机制研究。下文将从四个方向进行文献的收集、分类、整理和探析。

一、农业规模经营研究综述

（一）农业适度规模经营问题的提出

20世纪80年代中期以来，我国农民收入增长乏力且农村内部的收入不平等也在持续扩大，虽然土地的细碎化对农户收入存在偏向正面的影响，但农业的规模经营一直存在争议。对于规模经营的研究最早出现于1770年，最初的提出者阿瑟·杨格在其著作中提出了农业适度规模经营理论这一概念并对其进行了探讨。此理论提出，只有农业技术和农村经济均达到了一定的水准，同时土地和必要的农业生产因素之间的配合达到了最优的状态，农业规模发展的最适宜条件才得以形成。Chaianov等学者指出，在一定水准的农业生产技术的支持下，农户将农业生产所需的土地范围、劳动力和资金进行合理有序地融合，形成一定规模的农业经营，而该规模就是农户付出最少的生产成本却产生最大的收入效益的因素的整合。农业适度规模经营的核心部分在于将生产要素进行合理的整合与利润的最大化，我国在若干重要文件中多次提到要发展适度规模经营，这说明农业规模经营问题的重要性和中央对其重视程度。然而其政策目标与农户未必一致，政府希望通过发展多种形式的适度规模经营达到保障国家粮食安全和提高农民收入的双重目标。

（二）农业规模经营的必要性

学者们对于农业规模经营是否有必要在观点上存在分歧：一类观点认为，我国农业基础薄弱，若不充分注意实际的农业发展现状，农业规模经营乃至过热未必是促进我国农业经济的现实选择。小农经济的存在具有自身的合理性，其偏向于一种经济组织形式，是经济活动主体的自身诉求，推动土地的大量流转政策并不符合世界农业经济史所展示的农业现代化经济逻辑的设想，这一政策错误地试图硬套"地多人少"的美国模式于"人多地少"的中国，错误地使用来自机器时代的经济学于农业。同时，"小农经济"依然可以成为中国农业现代化发展进程中的重要组成部分。

另一类观点则认为，以先进技术和设备的采用和各类生产要素的充分使用为切入点，提出农业的规模经营发展的收益性目的，要遵循适度规模经营的要求。随着社会经济高速发展，应努力提升农业经营规模，使其更好地与国家的城市化和工业化发展相适应，农业必须向适度规模经营的现代化农业进行转变。实行规模经营之后，农业机械化和生化技术可以对土地和劳动力产生节约或替代的效果，尽管土地的流转速度和集中程度、农村劳动力的转移速度和转移数量均会对农业规模经营产生约束作用。农地上的产量没有下降，同时可以通过节支增效来增加农户收入和农产品的市场竞争力。同时，学者们通过与美国和日本的农业规模经营发展和相关政策的变化作比较发现，国外政府会颁布一系列相关政策对农业现代化进行干预，鼓励和引导农户家庭适度扩大农业经营规模。因此，农业规模经营需要扩大到具有可持续性的最低线上，如此才能进一步解决农业中的问题，发挥其经济效应与经营效应。

（三）规模经营与农地生产率

关于农业规模经营和农地生产率之间的关系，最初有学者做的实证研究结果表明两者之间存在负相关关系。我国的相关研究指出，从粮食单产、保障国家粮食安全的角度看，扩大农地经营规模存在的问题令人担忧。利用土地种植面积较小的中西部农户样本验证其对农地生产率的影响，发现土地种植面积和农地生产率之间呈正相关关系。进一步将样本范围扩大，样本包含除普通农户之外的家庭农场、种粮大户和专业合作社。理论上，随着农村劳动力非农就业比例的不断增加，小农户的兼业身份使其很难对农作物实行较为细致化的管理，部分农户甚至出现耕地抛荒现象，同时规模经营可以使土地、资本、劳动力等生产要素配置趋向合理。实证结论表明，农地经营规模的扩大有助于农地生产率的提高。也有学者有不同的研究结论，具体来看，水稻单位面积产量与农地面积呈 U 型关系，小麦和玉米单位面积产量则随农地面积扩大而递减。

（四）规模经营与规模经济

农地规模与经济利润之间的相关关系一直是学者们谈论的中心，但却一直没有统一的结果，同时由于个体差异性的存在和环境因素的影响，学者们对研究结果的分析与讨论也存在差异。

近年来出现了一种观点，认为规模经营可以带来明显的增收效应，带动规模经济。通过全国式的调查研究证明，经营规模小而分散是我国存在粮食产量不稳定现象的主要原因；与之相反的是，当农户扩大水稻等多种粮食作物的种植面积时，粮食产量会随之提高，这证明了粮食产量具有规模报酬递增的现象。2001 年前中国现有的规模效益很小，依据规模经营带来增产这一效应，假设排除农地细碎化现象，将会使我国的粮食年产量增长 7410 万吨，这表明稳定粮食产量实现规模化经营的有效方式是扩大经营的规模。与此同时，也有研究证明，农户收入与农地规模扩大之间有明显的正向影响，农地规模扩大将带来明显的增收效应。相关学者对规模经营带来增收的效应做了不同角度的解释。从劳动生产率上看，扩大农地经营规模可以有效刺激家庭劳动，由此提高劳动生产率，使农户得到更高的经营收入；从生产成本上看，密集型耕地是我国的主要生产状况，相对国外来说，我国的农产品的生产成本过高，导致这种现象的根源是国内农业规模小，从而使劳动成本相应地居高不下。要改善这种状况，可以相应地扩大农场规模、缩小地块之间的平均距离，从而达到降低成本的目的。通过对粮食作物现金成本和生产与农地规模关系的实证分析，发现农地经营规模的扩大有助于单位面积生产经营成本的下降。也有研究指出存在地块规模经济，具体表现为水稻单位产品生产成本随地块规模的扩大而减小，小麦和玉米等产品生产成本与地块规模呈正 U 型关系，表现出由地块规模经济向地块规模不经济转变。由此可见，规模经营的方式可以在一定时期内发挥降低成本的作用。

学界还存在一种不同的观点，对规模经济的存在性表示质疑。世界银行曾以肯尼亚、印度、巴西等多个发展中国家为样本，针对其大小农场的对比分析发现，规模经济并不能带来预期增产效果，反而因规模的增加导致农地收益递减。究其原因所在，是由发展中国家的特性决定的，资金、生产方式与技术条件等都成为限制农户实现规模发展的障碍。国内同样针对这一现象对我国的农业做了新的研究并证实了我国也存在相似的问题。从单位产出方面来看，我国的总体粮食产量展现出规模报酬不变的态势，与其他发展中国家所遇到的困境相同，扩大经营规模并不能达到增产的效果，反而因规模的增加导致单位面积内的粮食收益呈现递减趋势。已有关于规模经营与经营绩效关系研究结论的梳理见表2-1。

表2-1　规模经营与经营绩效关系研究

研究者	自变量	因变量	
		土地生产率	单位产品成本
Chayanov、Haltbarg	农地规模	+	
许庆、倪国华、蔡昉	农地规模	○	－
仇焕广	农地规模	+	
顾天竹	地块规模	－	－

注："+"表示自变量与因变量存在正向关系，"-"表示自变量与因变量存在负向关系，"○"表示自变量与因变量之间不存在显著影响。

二、信贷约束与农户投资、利润和福利的关系研究

（一）信贷约束对农户家庭福利的影响研究

有一些学者对信贷约束对农户的家庭福利影响做了一些研究。学者利用江苏欠发达地区的农户样本研究发现，放宽农户面临的信贷约束，可以显著增加其收入水平；在南非，受信贷约束的农户拥有资产约 1703 兰特（约902 元）[1]，未受信贷约束的农户拥有资产约 54929 兰特（约 29 086 元）。因此，已有研究认为，信贷政策理论上应该会给低收入农户带来更多好处，表现为更高和更多的生产投入带来的生产力提升和劳动力流动性的减弱。

（二）信贷约束对农业生产经营的影响研究

信贷约束对农户生产投资的影响这一问题颇具争议，已有对这一问题的研究，聚焦点主要集中在投资、利润和效率等方面。关于信贷约束对农业投资和利润的影响研究，有学者认为信贷约束会抑制投资和资本积累，也有学者认为信贷约束对生产投资没有影响而对利润有负面影响。在秘鲁，信贷约束导致农户在资源配置行为上对技术选择敏感性降低，从而降低了农户 27% 的生产利润。关于信贷约束对农业生产效率方面的研究，有研究利用中国农户数据发现，信贷约束使农户不能充分投入要素、资本和教育资源禀赋，其劳动生产率相较未受信贷约束者更低，且只有更多的存款可以对其劳动生产率有促进作用。还有学者发现，秘鲁的农业生产中，信贷约束的存在造成了农户对自有生产性资产禀赋的依赖，其自有生产性技术和资本禀赋会影响农业生产率，若消除信贷约束可以提高皮乌拉市 27% 的农业产量。另一项针对南非高原地区的奶制品生产研究发现，信贷的增加可以促进农户对杂交奶牛的投资，进而增加农场的牛奶产出率。在卢旺达，研究估计若放宽农户面临的信贷约束，其农业单位产值至少可增加17%。本书就该部分研究列出部分代表性结论，见表 2-2。

---

[1]　1 兰特 =0.5295 元，2017 年 12 月 29 日汇率。

表 2-2　信贷与农业生产经营的关系研究

研究者	自变量	因变量					
		投资	利润	劳动生产率	土地生产率	农地流入	农地规模
Carter	信贷约束	-					
Fletschner、Foltz	信贷约束	○	-				
Feng	信贷约束			-			
Freeman	信贷约束				-		
杨丹	信贷规模					+	
侯建昀	是否借贷信贷规模					+	+

注："+"表示自变量与因变量存在正向关系，"-"表示自变量与因变量存在负向关系，"○"表示自变量与因变量之间不存在显著影响。

三、农户信贷需求动机与约束形成原因研究

（一）农户信贷需求的动机研究

自 20 世纪 20 年代至今，农户借贷的轨迹演进出五种形态的借贷动机，依次由生存性质发展至抑制性借贷到投机性借贷再到消费性借贷，最后发展到生产性借贷阶段，农户的收入水平和所面临的投资机会是主导这五种借贷形态转化的深层原因。消费性活动对农户借贷起着重要的影响作用。在农户经营方式与各地农村市场渐趋多元化的背景之下，借贷资本成为一个影响个体农户与农业发展的重要因素。无论是通过正规途径还是非正规途径的借贷，大部分农户皆为满足消费需求而借贷，小农经济自 20 世纪 80 年代至今仍然面临的首要资金压力主要集中在供养子女、婚丧嫁娶等基本的生存需要上，由于小农的生产目标主要是规避风险，而农村金融机

构要求的则是利润的最大化，这也导致了农村金融机构对小农的生存现状并不能给予太大的关注，从而导致了小农户的借贷状况。从另一个角度来说，农户的生产性活动（种植业、养殖业和工商业）、生活性支出（教育和医疗）均增加了农户借贷的需求。伴随着规模化和专业化的农户数量的增加，其同样存在信贷需求并且面临融资困难的问题，规模农户获取信贷资金严重不足成为制约其扩大再生产的瓶颈问题。

（二）农户信贷需求的影响因素研究

近几年随着新型经营主体的培育，农业经营规模以及外部投资和家庭生产支付对农户的信贷需求起到正向影响，而起到负面影响的主要集中在农户是否具有自有资金支付能力方面，也有研究指出了更为广泛的信贷的影响因素，外部因素包括各地区经济情况等因素，加上农户个体的情况，包括户主的年龄、家庭财产情况、个体户内部非农就业数以及正规借贷用途等因素。以1962户农户为研究样本，在排除了利率这一影响因素的情况下，发现农户信贷需求的决定性因素是农户个体的家庭收入、当地的生产经营特征以及农户个体的家庭特点。以江苏泗洪的245户农户作为研究样本，使用广义Logit模型（Logit model，也译作评定模型、分类评定模型）做实证分析，结论认为，户主的受教育情况、房产价值以及户主所用的资本情况等个人因素对信贷需求起主要作用，这些因素同时影响了农户在正规信贷与非正规信贷之间的选择，其中影响非正规信贷的主要因素是农户个体的教育支出因素。以河北435户农户为研究样本，使用二元Logit模型进行数据分析发现：影响农户借贷意愿的因素除了包括上述的年龄、受教育程度、家庭净资产等个人因素，还包括其是否为信用社成员身份、是否对金融机构存款利率有明确认识等因素。用全国12个省市的农户借贷情况建立Logistic回归模型进行数据分析，除了农户净收入的影响之外，还发现借贷利率的情况、借贷期限的选择以及农户住所与当地金融部门距离的外部条件会影响农户的信贷需求。基于广东云浮524户农民研究样本发现：农户受教育年限、家庭有固定工资人数、农户家庭中在政府部门任职人数、对正规金融借贷的了解程度、信用评级的参与程度等都影响着农户的信贷需求。运用 Tobit 模型分析江苏宿迁 264 户农户样本发现：非正规信贷需求同农户是否存在正规金融贷款以及农户家庭的各项医疗、教育、生产经营支出有着明显的正向关系，而与农户个体的收入水平呈负向相关关系。运用意愿调查和 Tobit 模型发现利率显著影响农户正规信贷需求，低收入群体的信贷需求对利率也是敏感的，收入水平维持在中上层的农户不仅对信贷需求比较高，而且他们所能获得的正规借贷机会也相对较多，非农化与大额化在农户正规信贷需求中所表现出的倾向明显。

（三）农户信贷可得性的影响因素研究

在马拉维（非洲东南部国家），由于农民本身信用的可用性和无担保物权，拥有越多土地的农户受到信贷约束越严重。从社会学角度出发，正式金融贷款面向的主要群体是相对富裕并且本身就拥有较高社会资本的农户，这就导致了贫困农户涌向非正规金融贷款渠道。以世界银行某贫困项目监测区的农村住户为研究对象，使用广义 Logit 模型进行分析研究发现：获得信贷支持的决定性因素是多元的，包括户主内部的个人因素，诸如年龄、住房价值、家庭经济情况、受教育水平、农户的非农就业能力、农户个人的借贷倾向、年收入等因素，外部总体情况包括耕地面积、年底金融资产余额、年底生产性固定资产原值等因素，综合情况包括即时的借贷利率、偿还期限、地理区域指标等。也有研究发现：正规借贷支出与农户的农产品播种面积、自身的房产价值以及个体家庭年总收入呈正向相关关系。基于西部两省 6 个新型农村金融机构引入县域 517 户农户进行问卷调查，运用多分类 Logistic 回归模型进行数据分析发现：与非新型农村金融机构贷款发生影响因素不同，户主文化程度和家庭负担水平是影响农户对新型农村金融机构贷款接受程度的重要因素，具有不同标准禀赋的农户获得正规金融途径借贷具有差异性。另外，对农户借贷的发生率和规模具有正向作用的主要因素是社会网络、声誉、经济特征和个体特征。本书就已有研究列出部分代表性结论，见表 2-3。

表 2-3 正规信贷需求与约束的影响因素研究

研究者	自变量	因变量	
		信贷需求	信贷约束
褚保金、刘娟	文化程度	+	
刘浩			−
韩俊、程郁、张帅	家庭资产	+	
褚保金、刘西川		+	−
秦富、刘娟	社会资本	+	
侯英			−
张帅、刘西川	借贷利率	−	
张帅	借贷期限	+	
周小斌、许芯	农业投资	+	
褚保金、张帅	房屋价值	+	
褚保金	农产品播种面积		−

注："+"表示自变量与因变量存在正向关系，"−"表示自变量与因变量存在负向关系，"○"表示自变量与因变量之间不存在显著影响。

四、农业规模经营的信贷约束缓解机制研究

（一）农业规模经营的信贷效应研究

水稻是我国农业规模经营发展的主要作物之一，水稻的播种面积约占 18 亿亩耕地红线的 25%，但"水稻"种植的正式金融低参与度再次体现出我国农村金融市场发育的滞后性。因此，专门从事"水稻"规模经营的普通农户、种植大户、家庭农场的金融合约参与行为更需要相应的研究。聚焦于水稻作物的农业规模经营的影响效应分析，学者们较多地从成本、收益和效率的角度进行了多方位、多层次的理论与实践的探索。随着农业经营规模的扩大，稻谷单位成本与种植规模间呈 U 型关系，稻谷单产水平

呈现"先降—后升—再降"的变化趋势,但水稻生产统计存在显著的规模报酬递增或递减现象。同时,土地经营规模与水稻生产技术效率之间呈倒U型关系,过小或过大的土地经营规模都不利于提高水稻生产效率。从微观要素投入视角来看,随着农业经营规模的扩大,农户会降低化肥投入,农机使用则呈现出倒U型。

近年来,有关农业规模经营发展的信贷效应议题逐渐得到了学界和政府的关注。伴随着农业经营格局从细碎化转变为规模化,改善供给与增加需求方面共同提升了农户的信贷可得性,并促使农户在选择融资渠道时更偏向于正式金融机构。但是,若按不同规模划分农业经营主体,普通农户、种植大户、家庭农场受到的正式金融约束强于合作社和农业企业,即农地经营规模对信贷获得具有正向影响,信贷获得效应具有规模偏好特征。

(二)正式融资与实物融资的关系研究

为了探讨实物融资与正式融资间的关系,学者已经做了丰富的研究。最早的研究以企业为样本,得出实物融资和正式融资具有替代关系的结论。自此之后,大量深入的研究得出基本结论:实物融资和正式融资不仅可以相互替代,也可以相互补充。从外部融资约束的角度看,实物融资可以替代正式融资,是因为它具有低流动性,而透支银行贷款的公司有更多使用实物融资的行为,则支持了实物融资和正式融资互补理论。以农户为对象的研究则发现,实物融资与正式融资具有替代性,当农户受到正式融资约束时,会转而申请实物融资。从外部宏观环境的角度看,在信贷危机期间,实物融资为企业提供了有效的外部融资替代来源。例如,西班牙受信贷约束的中小企业依靠的是实物融资,而不是银行贷款,反之则可依赖银行贷款。在实施宽松的货币政策时期,企业减少使用实物融资揭示了实物融资和正式融资之间存在替代性。此外,拥有更高社会信任度的国家会更多地使用实物融资。从企业禀赋特征的角度看,资产规模更大、流动性更强、信贷质量更差、服务性企业使用实物融资的可能性更小,制造型企业比服务型企业更倾向使用实物融资。

五、研究评述

已有关于农业规模经营的研究多围绕如何实现农业的规模经营，探讨劳动力转移、农地流转、农户意愿和政策支持对农地规模的影响，对农户借贷动机、信贷约束原因都做了大量理论与实证研究。但由于信贷市场的滞后性，在已有的农业规模经营分析框架中并没有考虑信贷约束在农业经营生产方式分化过程中的影响，特别是信贷约束是否存在负效应以及这个效应的影响程度有多大。

国内关于农村地区信贷约束对农户农业规模经营的影响研究较少，一个可能的原因是中国小规模农户的农业生产资金需求小且多以亲戚朋友的互借为主，一般不存在资金问题；另一个可能的原因是农业的弱质性和农户的低资产水平，他们通常无法获得适度规模的借贷。现阶段，农村信贷市场的逐步发展为研究提供了数据基础。信贷约束是否抑制了农户农地流入规模，是否降低了农业生产要素投资水平，又是否会降低我国粮食作物规模经营的农地生产率、促使规模不经济是本书的核心研究内容。

学者们围绕"水稻"作物展开的农业规模经营的影响效应研究，充分探讨了农业规模经营对成本、收益与效率相关的生产行为与绩效方面的影响，但关于农业规模经营对农村金融市场发育的影响研究着墨甚少，忽视了在农业现代化发展转型这一特殊时期，农业规模经营对农户契约观念可能产生的深远影响。随着乡村振兴战略的全面推进、农业农村的优先发展、农业规模经营方式的转变，现代的农业规模化经营方式似乎与传统的实物融资制度相互矛盾。因此，本书试图解答这样的疑惑，农业规模经营发展能够助推农村金融市场发育吗？具体而言，农户从事农业规模经营能否推动实物融资合约的正式治理演化？若能，农业规模经营对实物融资合约的正式治理的影响路径和作用机制是什么？实证可以检验吗？

与传统农户所受信贷约束的背景不同，农户的消费性和生产性传统信贷需求在农业规模经营转变过程中转变为投资性，少有基于农业资本视角去分析农户受信贷约束缓解的背后机制。因此，本书以信贷约束对农户农业生产经营的影响为研究核心，并从农业资本禀赋视角探讨现阶段农户信贷需求的产生和规模异质下受信贷约束的背后机制，只有寻找到缓解约束的影响因素，才能够进一步探讨出缓解信贷约束的可能机制及途径。

第三章 分析框架与调查设计

本章的重点在于构建一个全面清晰的分析框架阐述我们的研究问题，这个分析框架是问题导向型的，根据信贷约束的影响、成因与对策这样一个逻辑层层搭建，然后基于研究框架进行针对性的调查设计，从而以实践证据回答本书研究的根本问题。

第一节 分析框架

中国农村经济发展新常态下，农地可流转政策的出台为农业经营方式的转变铺路，传统农户向农业适度规模经营的转变往往需要有效的资金支持。为了加速现代农业的进一步推进，农村金融部门出台了与之相适的农村金融支持政策。然而，发展中国家广泛存在的金融排斥导致信贷行为的交易成本居高不下，推高了流动性资本的影子价格。流动性资本对农户来说构成了资金约束（即信贷约束），这样会对农户参与信贷市场、农业规模经营产生抑制作用。从微观层面来说，信贷约束的影响效应是从农户是否进入信贷市场到是否流入规模农地再到农业规模经营绩效水平的。

信贷约束可以直接降低农户的信贷可得性，增加信贷交易成本，进而制约农户的农地流入规模。若在生产过程中持续出现信贷约束问题，其还可能会影响其他生产要素的投资水平，从而形成农地规模和其他要素资金投入的双重约束效应。而在农业规模经营形成过程中，信贷约束的存在会提高投入成本，降低管理水平和生产要素效率，最终导致农户在农业生产经营方式转变过程中的效率损失。因此，信贷约束的存在使农户难以兼顾成本和绩效，不仅对农户农业生产要素投入决策产生制约效应，还会降低农户的农业规模经营绩效。

要解决信贷约束对农业生产经营转变过程中的负面影响问题，就要从农业禀赋视角寻找影响信贷约束的因素。因此，本书最后回到农户自身的农业资本视角，就农地抵押贷款试点、农地经营权剩余期限和加入农业合作组织三个因素对信贷约束的影响进行探讨，并针对农地抵押贷款试点效果分析其局限性，通过农户拥有的农业资本提出可能的信贷创新机制。本书具体的研究逻辑分析框架见图 3-1。

从图 3-1 中的内容可知，信贷约束可以同时对农户的融资交易成本和生产经营行为产生作用。基于农户的约束应对行为，信贷约束会影响农户的融资成本、要素购置成本，甚至直接影响要素投入水平；基于农户的生产经营行为，信贷约束会影响农户的投资成本、经营管理水平和要素生产效率，即信贷约束会直接对农户的农业生产要素投入决策产生影响，间接对农业规模经营绩效产生影响，最终影响农户的家庭收入水平、农产品的粮食数量安全和市场竞争力。基于信贷约束对农业规模经营的可能影响，进一步以农户的农业禀赋（是否农地抵押贷款试点地区、农地经营权期限、参与农业合作组织状况）寻找信贷约束的可能影响因素，以缓解信贷约束的存在。

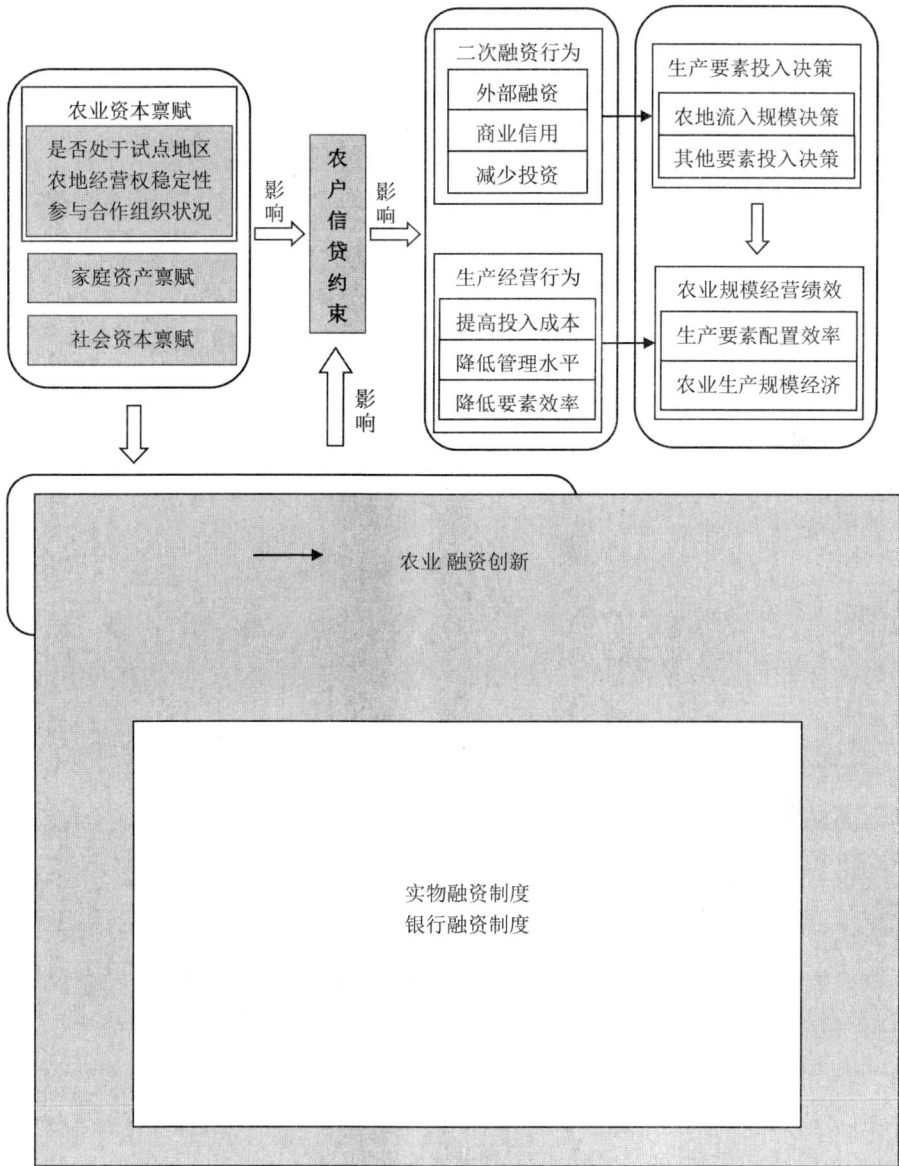

图 3-1 研究逻辑分析框架

第二节　研究假说

本节在搭建好的分析框架之下，将对信贷约束的影响、成因与缓解机制进行深入的理论分析，从而提出有待检验的研究假说。具体而言，从信贷约束对要素投入决策影响的理论机制、信贷约束对规模经营绩效影响的理论机制、信贷约束的影响因素和缓解机制这三个部分展开分析。

一、信贷约束对要素投入决策影响的理论机制

假设农户为理性人，在家庭要素配置上以收入最大化为目标。当农户愿意把劳动力要素更多地配置在农业生产上时，就存在通过规模扩张以获取更大经济效益提升家庭收入的倾向。假设非农就业机会和可流转农地充足，有农业生产意愿的农户可以通过流入规模农地实现规模经营（即农业生产总收入）的提升，即提高家庭收入水平。对于收入水平较低、来源单一的农业劳动农户，较高的初期投入成本会导致其面临流动资金约束，由此便产生外部信贷需求。对于农业生产者，外部融资是其进行农业投资的重要资金来源。当信贷市场是完全市场时，农户的生产要素投入并不依赖于自有资本禀赋，单位产出也不会受到流动性和初始资本禀赋的影响；当信贷市场为非完全市场，即农户外部融资存在约束时，农户的生产要素投入将依赖于自身资本和初始禀赋。那么，信贷约束是否存在以及如何影响农户的要素投入决策？接下来本节从农业生产要素农地和其他要素两个层面进行理论阐述。

笔者以 Evans 和 Jovanovic 的流动性约束下创业模型和翁辰模型构建思想建立农户模型。农户的农业生产能力决定了农地规模经营的决策，而信贷约束情况则由家庭最初的财富水平决定。假设农户的农业经营收入为 y，则

$$y = t \cdot k^{\alpha}, \ \alpha \in (0,1) \tag{3-1}$$

式中，t 为农户的农业生产经营能力，个体的生产经营能力决定了农户是否进行农业规模经营；k 为资本投入门槛水平；α 为农业资本投入的产出

弹性。

产出函数描述了在资本投入水平给定的情况下，产出水平随农户的生产经营能力的增加而增加，产出的增长规律应呈现边际产出递减的变化趋势。反过来，随着资本投入水平的增加，农户的产出也是增加的。

若农户以传统小农或非农就业的形式获得收入，假设农户在传统农业和非农就业的条件下收入为 I_1，则

$$I_1=\beta \cdot l_1^{\gamma}+w \cdot l_2 \tag{3-2}$$

式中，β 为传统农业生产的收益率；w 为非农就业的收益率；l_1 和 l_2 分别为农户在传统农业和非农就业投入的劳动力数量，农户总的劳动力供给为 $L=l_1+l_2$；γ 为农业劳动投入的产出弹性。

农户从事农地规模经营的净收益为 I_2，则

$$I_2=y+(A_0-k)(1+r) \tag{3-3}$$

式中，A_0 为家庭财富；r 为信贷利率。同时，借贷约束条件：$0 \leqslant k \leqslant \lambda \cdot A_0，\lambda \geqslant 1$。

农户的农地规模经营最大化函数为

$$\max_{k\in[0,\lambda \cdot A_0]} t \cdot k^{\alpha}+(A_0-k)(1+r) \tag{3-4}$$

式（3-4）的最优解为 $k^*=\left(\dfrac{t\alpha}{1+r}\right)^{\frac{1}{1-\alpha}}$。

农户选择农地规模经营的条件如下：

$$\max[t \cdot k^{\alpha}+(A_0-k)(1+r)] \geqslant \beta \cdot l_1^{\gamma}+w \cdot l_2 \tag{3-5}$$

进一步考虑不完全的信贷市场情况。当农户受到信贷约束时，农户可获得的最大贷款规模取决于初始财富水平 A_0，则农户可以通过信贷使其最大可支配资本扩大到 $\lambda \cdot A_0$，其中，$\lambda-1$ 为农户的信贷系数。这样，农户的净收益函数可以表示成一个分段函数：

$$I=\begin{cases} \beta \cdot l_1^{\gamma}+w \cdot l_2, & \lambda \cdot A_0 < k \\ t \cdot (\lambda \cdot A_0)^{t}+(\lambda \cdot A_0-k)(1+r), & k < \lambda \cdot A_0 < k^* \\ t \cdot k^{*t}+(k^*-k)(1+r), & \lambda \cdot A_0 \geqslant k^* \end{cases} \tag{3-6}$$

式（3-6）中，第一个等式说明，信贷约束使农户无法满足最低农业规模经营资本要求而只能维持传统农业生产和外出打工，即农户不会选择流入规模农地；第二个等式说明，信贷约束虽然存在，农户可以选择流入规模农地，不过只能在可获得资金水平下进行农业规模经营，即农户的要素投入决策会受到信贷约束的影响；第三个等式是指农户未受信贷约束，能够获得充分的资金在最优资本投入水平下进行农地规模经营。

（一）农地流入规模决策

接下来，对于流入农地规模差异进一步做理论解释。设农户原始农地规模为家庭自有承包地规模，则农户农业生产成本变化如下。

$$\Delta C = P_d n + P_t n + (P_d + P_t)nr\varphi \tag{3-7}$$

式中，P_d 为单位农地价格；P_t 为除农地外单位总投入；n 为农户的农地流入规模；φ 为农户面临信贷约束的成本系数，取值（1，∞）；r 为信贷利率。

对式（3-7）中 n 和 φ 分别求偏导，得

$$\frac{\partial \Delta C}{\partial n} = (P_d + P_t)\ (1+\varphi r) \tag{3-8}$$

式（3-8）中，$\varphi=1$ 情况下即农户未受信贷约束，$\frac{\partial \Delta C}{\partial n} = (P_d + P_t)(1+r)$；

$\varphi>1$ 情况下即农户受到信贷约束，$\frac{\partial \Delta C}{\partial n} = (P_d + P_t)(1+\varphi r)$。这说明，受信贷约束的农户增加农地规模的边际成本高于不受信贷约束的农户。且 φ 越大时，$\frac{\partial \Delta C}{\partial n}$ 越大，即受信贷约束程度越大，增加单位农地规模的成本就越高。

从调研的情况来看，农户的农业生产外部融资主要源于正规信贷和亲戚朋友两种渠道，银行借贷的利息或人情往来开支等形成信贷总成本。一方面，随着农地规模的增加，农户的外部融资规模越大，信贷利息成本自然就越高；另一方面，农户进行外部融资的过程还会产生交易成本，从家到镇上的金融机构所花费的时间成本，当距离较远时这样的交易成本就较高。此外，向金融机构申请贷款需要办理的手续或准备的材料较烦琐，也会产生较高的交易成本；若是无法一次获得全部信贷资金，再次融资又会

额外产生交易成本。且信贷约束程度越高，农户获取全部融资的交易成本就越大。当信贷约束造成的边际成本增加量恰好大于增加农地规模带来的边际规模报酬时，农户则不再增加流入农地规模。由此，本书提出假说一：

　　信贷约束引致了更高的融资成本，制约了农村家庭农地的流入规模。

（二）其他要素投入决策

　　未受信贷约束的农户的作物生产亩均投入会维持在利润最大化水平上，通过信贷扩大农业经营规模，亩均投入和利润并不会显著受信贷规模的影响。对于受信贷约束的农户，在农地规模和其他要素投资之间需要进行最优配置选择。因此，基于总利润最大化原则，农户的其他要素投资可能会受到信贷约束的影响。为了反映出农户受信贷约束下不同要素投入的可能变化，本书将农户的要素投资分为现金支出（农资、农机服务和雇工）和生产支出（农资、农机服务、雇工、家庭用工和农地租金）。

　　其一，信贷约束直接降低农户的资金投入，即降低其他要素投资水平，具体则可能表现为水稻种植过程中种子、农药、化肥这类农资的高质量投入，如出现无法使用资金投入成本较高的生产资料品种或品牌等；抑或导致农户使用农机服务以及雇工的减少，增加自身家庭用工的投入。这种情况下，信贷约束会降低农户要素投入的现金支出，不一定降低农户的生产支出。其二，信贷约束并未直接降低农户的资金投入，即其他要素投入资金水平没有变化，而是农户通过其他外部融资渠道或者赊账这类商业信用购买方式维持了要素投入实物水平。在调研过程中比较明显的现象就是资金紧张的农户会通过赊账进行农资购买，相较未赊账农户，发生赊账的农户可能会表现出相同的实物要素投入面临更高的资金成本。这种情况下，信贷约束不会降低农户的现金支出和生产支出。其三，信贷约束并未直接降低农户的资金投入，即其他要素投入资金水平没有变化，且投入实物水平亦未发生变化。在调研过程中，有些农户通过自身已有的资本积累进行农资购买，这类农户的其他要素资金投入并未受到信贷约束的影响。由此，本书提出假说二：

在农地经营规模一定情况下，农户依靠多融资渠道和商业信用，信贷约束不一定会降低其他要素投入的现金支出和生产支出。

二、信贷约束对规模经营绩效影响的理论机制

已有关于信贷和生产率关系的理论模型研究可以较好地阐释本书核心问题：信贷约束对农户农业规模经营绩效的影响。农户家庭最大化农业规模经营资本 k 的条件为

Max $EU(C)$

$$C = \varepsilon f(k,\alpha) + r(A_0 - A_k) + (nw - I_k) - rk \quad (3-9)$$

$$A_k \leq A_0 \quad (3-10)$$

$$I_k \leq nw \quad (3-11)$$

$$B \leq \overline{B} \quad (3-12)$$

$$k \leq A_k + I_k + B \quad (3-13)$$

式（3-9）表示农户家庭当期消费水平受家庭生产情况、农业投资、家庭内部可用资产和可支配收入的影响，其中家庭内部资产、劳动收入和农业投资的影响为负。其中，ε 为随机变量，表示生产所面临的风险；$f(\cdot)$ 为生产函数，k 为资本存量，α 为农业生产经营能力，生产水平由资本存量和农业生产经营能力决定；A_0 为农户的家庭资产禀赋；A_K 为可利用家庭资产；n 为家庭中的其他成员个数；w 为从事工资性工作或非农经营获得的固定收入；I_K 为家庭劳动力收入；r 为市场利率。式（3-10）表示可利用家庭资产不能高于家庭资产禀赋。式（3-11）表示家庭可利用劳动力收入不能超过家庭劳动力收入总额。式（3-12）中 B 为外部融资获得的信贷数额。式（3-13）表示筹集农业投资所需资本，即农户农业投资资本最高水平为可利用家庭资产、家庭劳动力收入和外部融资数额总和。

在完全信贷市场条件下，农户家庭选择投资资本 k 以实现农业规模经营绩效最大化的条件为

$$f'(K, \alpha) = r \quad (3-14)$$

式（3-14）表示农户选择的资本投入水平使单位投入资金的边际收益

等于市场利率水平。当信贷市场为完全的情况下，所有农户的农业规模经营边际收益（回报率）一致，不受农户个体或家庭特征禀赋的影响。

推广到更一般的情况，农户选择投资资本 K 的一阶条件为

$$f'(K,\alpha)=\frac{1}{I+\dfrac{\mathrm{Cov}(U'(C),\varepsilon)}{EU'(C)}}\Big[r+\frac{\delta}{EU'(C)}\Big] \qquad （3-15）$$

式中，δ 为约束条件式（3-12）的拉格朗日乘数，表示金融约束程度。

进一步假设农户进行农业规模经营的生产决策与行为仅受信贷市场的影响，式（3-15）可以简化为 $f'(K,\alpha)=r+\delta$，即其他条件给定不变。此时，相较于未受信贷约束农户，在农业规模边际收益等于边际成本的均衡下，受信贷约束农户的边际收益高于市场利率水平，超出部分即为影子成本，它表示受信贷约束农户进行农业规模经营生产点的生产要素若增加单位投入所增加的额外成本。上述理论用资本边际效率递减规律解释了农户在面临信贷约束（资金约束）的情况下，其农业资本投资的资本边际收益水平较高。

（一）信贷约束对农地生产率的影响

已有研究指出农户土地种植面积扩大的时候，单位面积的生产率在下降，最大农户的生产率甚至不到最小农户生产率的一半，即农户生产率和农户土地种植面积之间总的来说存在反向关系。2000 年我国粮食作物水稻、小麦和玉米主要呈现规模报酬不变，规模报酬系数为 1.049。也就是说，我国农户农地规模的扩大基本没有实现农地生产率的提升，政府发展土地适度规模经营若是追求保障粮食安全未必有效。不过，已有研究并未将信贷约束所引起的农户异质情况考虑在内。

农地生产率的高低并不单一由农地本身决定，也由种子种苗、精耕细作程度、农业技能等因素共同决定。比如，干旱地区的土地生产率，首先不是由农地质量决定而是更多地依赖于灌溉条件。当农户农业生产经营所需的灌溉设施面临资金约束时，既不利于水资源的利用，也存在投资效率低下的问题。当农户的外部融资受到约束时，若农户的要素投资水平降低，

且所在地区的社会化服务水平缺乏，可能会导致农资或农机（如拖拉机）的单位投资水平降低，导致农业技术和基础设施难以得到充分改进，效率高的品种和农机难以得到有效使用。即在完全信贷市场条件下，农户的农业投入不依赖于自身的初始资源禀赋，亩均产出也不会受到家庭流动资产和初始资本禀赋（如农地和劳动力）的影响。而在不完全市场下，农户的生产和消费决策则会相互影响，因为要素投入将由农户的资产水平和初始禀赋所决定。因此，处于不完全信贷市场的农户受到约束时，若通过降低要素的实物投入进行农业生产，则其只能够达到次优水平的要素投入，进而形成低于最优产出的农地生产率。这种情况下，信贷约束的持续存在会对农地生产率产生负向作用。由此，本书提出假说三：

信贷约束的存在通过增加农户的要素低水平投资的概率，因而降低了农地生产率。

（二）信贷约束对规模经济的影响

虽然农地生产率未能随规模的扩大而提高，规模经济也仍然会发生。已有研究实证发现，农户每增加一亩地的经营面积所带来成本降低效应为2%～10%，成本降低与经济效益提高实质上一致，这与政府提高农民收入的目标吻合。

形成规模经济的原因一般有规模报酬的变动、管理成本的降低、大量采购原材料折扣优惠等。对于农户农业的规模经营来说，可以从内部和外部两个方面解释规模经济的形成原因。农地面积的扩大是形成内部规模经济的因素之一。农地规模增加形成的规模经济一方面来自某些投入的不可分性，如灌溉水井和设施以及大型农用机械；另一方面则是外部规模经济，如农产品销售、要素购买和信贷取得上具有规模经济性。信贷约束的存在一方面会造成农户无法对不可分设施或农机等进行有效投资，进而运用效率较低的机械类型甚至通过雇工和家庭用工来弥补，从而增加了单位产品成本；另一方面可能造成农户通过赊账、租赁等方式进行要素投入。然而，不同于农地生产率的影响机制，尽管单位农地产量可能会得到增加，但是这种增长方式是以单位农地投入成本的更大幅度增长为代价的，因此，成本的上升也就抵消了规模变动带来的内部规模经济，从而导致农业规模经营的规模不经济。由此，本书提出假说四：

信贷约束的存在通过降低农户的要素投资效率、增加农户的要素购置成本，促使农业生产规模不经济的形成。

三、信贷约束的影响因素与缓解机制分析

基于信贷约束对农户的农业规模经营存在负效应，以农户拥有的农业资本禀赋为视角寻找信贷约束的缓解机制是本书的另一个关注重点。在非正规信贷市场，以亲缘、友缘为基础的社会网络有助于识别潜在的借贷对象，但社会网络有限的广度和深度限制了借贷的发生规模和发生范围，非正规金融往往是对正规金融的一种补充。正规信贷供需约束的形成，既有可能是农户有信贷需求但没有申请信贷，也有可能是申请了却没有获得全部信贷甚至没有获得信贷。已有研究指出，信息不对称是引起信贷市场供需不匹配的根本原因，而家庭资产和社会资本禀赋是影响信息不对称进而影响信贷约束的关键因素。正规金融机构可以通过抵押担保品的贷款技术设计克服信息不对称问题，农业资本禀赋作为农户的固有资产可以充当抵押担保品的角色，特别是规模农户的农业资本往往具有较高的禀赋价值，但实际实施的"不归还贷款就收回并变卖抵押品"硬约束，也会使农户可能采用策略性决策而故意不归还贷款，这种道德风险问题严重提升了正规金融对农户放贷的交易成本，导致金融机构降低了对农户甚至是规模农户的放贷意愿。本书基于已有研究，从家庭资产、社会资本和农业禀赋三个方面，并以农业资本禀赋为核心解释变量寻找影响农户受正规金融需求方和供给方约束的影响因素，即农业资本禀赋究竟会如何影响农户的信贷供需约束问题。

根据农户信贷约束的缓解因素分析，以农户拥有的农业资本进一步探讨以农地、农机为硬信息和通过农业合作社、农资商传递软信息的信贷创新机制，以降低农户受信贷约束。

（一）非正规信贷的存在与局限性

在调研过程中得知，从事农业规模经营的农户外部融资一般最先考虑的是正规金融和实物融资，其他非正规途径往往置于最后。因此，对于农户的农业规模经营，非正规金融对正规金融往往起到一种补充作用。其可以服务农户的根本原因在于，非正规金融的信贷违约约束机制源于声誉，基于地缘关系的声誉机制性质的内部监督可以对正规金融的抵押品需求起到替代作用。另外，基于地缘关系形成的非正规信贷在信息不对称问题上具有比较优势，可以降低由信息不对称引致的交易成本和道德风险，从而发生非正规信贷行为。然而，由于其可贷规模有限且发生违约时责任边界的模糊，非正规金融在农户的农业规模经营过程中的角色虽不可或缺但并非主导。因此，本书后续主要从实物融资参与和正规融资创新探讨正规信贷约束的缓解机制。

（二）正规信贷约束的影响因素理论分析

本书以农户视角切入，明晰了农户自身约束和受供给方约束的原因。总的来说，随着农地流转在农村地区的发展，农户对正规信贷的需求在规模和周期上都发生了转变，与此同时，农户长期的农业生产经营所形成的农业资本禀赋包括农地稳定性、参与农业合作组织状况以及是否处于农地抵押贷款试点等因素则会对其信贷需求及获得产生部分影响。

在调研过程中，我们第一步设置了"农业生产是否有外部融资需求？""外部融资需求数额是多少？""申请的正规信贷数额是多少？"三个问题来判断农户的正规信贷是否存在需求方约束。第二步询问申请正规信贷的农户"信贷需求是否被满足"，受到完全数量和部分数量约束均属于受到了供给方约束。接下来，本书借鉴已有研究从理论上阐述农户的农业资本禀赋对农户的信贷约束的作用机制。

首先，农户选择贷款的条件是：农户获得信贷后生产经营成功与失败的平均产出水平大于贷款利息成本、非利息成本、不贷款时的租金收入和低投入水平收益的总和。当非利息成本很高时，农户放弃进入信贷市场，此时农户受到交易成本约束。其次，信息不对称导致金融机构对农户的信贷需求提出抵押和担保品的要求，即要求农户对金融机构承担部分风险补偿。抵押物促使借款者在获得贷款后积极行动以降低生产投资失败的概率，从而解决了道德风险的问题，同时，抵押物还可以起到甄别农户类型的作用，比如项目的风险程度，因而可以缓解逆向选择。对于风险厌恶型的农户，风险补偿要求提高了农户借贷的成本，对于风险偏好型的农户风险补偿不会对其借贷成本产生显著影响。因此，金融机构的抵押担保品要求会对风险厌恶型农户产生风险补偿约束。最后，若金融机构贷款技术以身份和关系对农户进行甄别时，与农户实际信用与还款能力的判断会产生偏差，造成只有一部分农户可以获得信贷。没有社会关系的农户即使有还款能力，但却无法通过这种贷款技术获得贷款，导致农户的非利息成本增加，因此，农户受到社会资本约束，会放弃进入信贷市场。这三类约束形成机制均为需求方约束，未受需求方约束的农户则产生有效信贷需求。农户的潜在信贷需求变为有效信贷需求后，是否能获得信贷取决于金融机构愿意放贷给单个农户的最大数额。如信息不对称的存在，逆向选择和道德风险促使金融机构对抵押担保品提出要求，存在有效信贷需求的农户若不能提供最低要求，金融机构放贷数额则低于农户的有效信贷需求，农户则受到供给方的信贷约束。

有农地抵押贷款信贷产品的地区，农户可以利用农地资本作为信贷的抵押品，不同价值的农地资本决定了农户具有的抵押品价值大小。农户是否会受到信贷约束不仅取决于家庭资产水平和社会资本水平，还取决于农户的农业生产经营能否提供稳定的经济收益，即取决于农地的稳定程度和经济收益的大小。当农户的农业经营能够提供足够的经济收益达到最低要求，且农户签订的正式农地流转合约明确标注了农地规模、经营年限、种植品种和地租等信息且具有法律效力。这些有效信息可以降低信贷双方的信息不对称。正式农地流转合约一方面证明了农户的农业生产经营能力，提高农户获得信贷的可能，降低农户申请信贷的交易成本，从而缓解农户的需求方信贷约束；另一方面增加可提供的抵押担保品价值，降低金融机构的放贷风险，进而降低农户面临的供给方约束。即有农地抵押贷款试点的地区，农户受信贷需求方约束和供给方约束的概率越低。

农地经营权的稳定性亦影响农户受信贷约束的状况。一方面，农地经营权剩余期限会影响用于出租或服务的流动资本，包括农机具、役畜、仓库等，农地经营周期的长短会显著影响农户对农地面积和质量的调整。另一方面，经营权剩余期限还会影响与特定地块相连的较大投资，如灌溉设施和田间道路等。稳定的农地经营权会促进农户的农业长期投资水平，增加农户的农业生产经营能力，从而产生更高价值的农业规模经营。因此，农地经营权稳定性有利于增加农户的农业长期投资计划，从而增加农户的有效信贷需求，代表了农户的农业生产能力和预期收益的稳定性，即降低金融机构方实行约束的概率。

农业合作组织作为一种与农户生产经营活动关系紧密的组织，一方面能为农户提供生产技术或其他方面的服务支持，降低农户生产经营失败概率；另一方面能形成组织内、外的双重监督机制，实现组织内部共同担保机制，同时保证农户的农业生产能力以保证稳定的经济收益。在农户具有潜在信贷需求的情况下，农业合作组织既增加了农户的社会资本，降低农户可能面临的需求方约束，也提升了金融机构对农户经营收益的预期，降低信贷监管的成本，进而降低农户的供给方约束。综上所述，本书提出假说五：

农地抵押贷款试点、较长的农地经营权期限和参与农业合作组织可以通过减少供需双方的融资交易成本、增加农户的经营预期收益，降低来自农户自身和金融机构双方约束的概率。

（三）农业规模经营对实物融资合约选择的影响机制分析

1. 交易特征与合约形式

实物融资作为一种短期信用融资工具，违约风险通常由供给者承担。在假定规避风险存在的条件下，供给者通常会安排合约来进行风险规避。但安排合约并非零成本，合约的产生需满足风险规避成本小于从中获取收益的条件。合约的交易费用一般包含事前费用（搜寻信息、订立协议的费用）和事后费用（监督、执行与变更协议的费用）。例如实物融资市场中的口头合约和正式合约：口头合约事前缔约成本几乎为零，因不具备法律效力和强制性，事后还账的软约束来自圈层的声誉和口碑监督，成本较低；正式合约具有一定的事前缔约成本，且具备法律效力和强制性，事后还账的硬约束来自正式的法律法规监督，成本较高。因此，在不同的交易成本下会衍生出对应的合约形式。

乡土社会内部具有低人口流动性和系统成熟的圈层网络，可以发挥以自我实施为基础的口头合约优势。乡土社会中的熟人关系是血缘、宗族纽带形成和维系的亲缘关系，同时以地缘关系为基础。熟人关系提供的"信任"便是熟人信用，通过口头合约就可以降低合约执行与监督成本，增加合约执行的收益空间，帮助实物融资供给者规避风险。可见，基于亲缘和地缘的熟人关系是口头合约得以有序运行的关键机制。因此，口头合约可以成为传统实物融资的交易载体。

但是，口头合约并不能承载所有的实物融资。当实物融资交易特征超出熟人关系范畴，如融资规模增加、融资期限变长后，熟人信用将无法覆盖实物融资违约风险，又或者融资关系弱化，供给者需要拟定新的合约制度以分散更大的风险。彼时，合约形式将发生相应演化，呈现出正式合约的特征。

2. 规模经营

交易特征与合约演化。根据 Hicks 的技术进步理论，从规模经济效率的角度出发，存在两条提升路径：扩大耕地面积替代劳动的机械化技术进步与增加劳动和科技投入替代土地的生化技术进步。以此为基准，结合农业规模经营的推动与发展，可以将农户的农业经营发展过程中生产要素供求特点归纳为三个维度：规模、质量、竞争。其中，规模指农业规模经营发展引致的农地面积扩大需求；质量指生化科技投入或要素品质增加引致生产要素需求质量的增强；竞争指二者共同引致生产要素市场竞争增强的趋势。根据王新志描述的规模户在生产要素市场上的表现及其特点，可以预见，农业规模经营的不断发展将对投入要素供求产生规模化、质量化和竞争化的作用，进而改变实物融资的交易数量和交易关系。

当前，我国的乡村振兴战略已经进入新的推进阶段，传统小农在生存需求得以满足的前提下，开始寻求更高层次的理性经营目标——成本最小化和收益最大化。规模户的农业生产经营原则是低成本、高收益的利润最大化原则，农地大面积流入意味着农户对要素总量的大规模需求。在农资交易市场中，一方面一次性购置较大规模的农资产品，有利于增强市场议价能力，进而有利于控制规模经营的成本；另一方面大规模的农资产品购买使规模户更容易获取相关配套服务，如水稻生长不同阶段的病虫害防治技术，进而提升规模经营的预期收益。同时，较大规模的农资交易还可以带来农资订单合约，规模户可以稳定、依法地获得各种专业化生产性服务，规避农资和农产品等的市场价格波动风险，提前锁定经营利润。农资商可以持续地获得利润，农产品经销商可以按时获得产品供应。因此，根据规模经济效率，村庄产生了水稻生产群体集聚的初始状态，规模户与农资商的单次交易规模急剧增加。

农资规模的增加意味着发生实物融资金额的相应增长。当实物融资金额逐渐增长时，口头合约的事后违约风险将提升，风险溢价水平的不断上升与口头合约所能承担的有限的风险范畴相矛盾。此时，规模经营的投资要求已经超出了农户金融网络的投资能力，交易数量达到临界值触发成本机制，农资商承担的融资违约风险将显著增加，使熟人关系的软约束效应呈递减趋势，弱关系的硬约束将变得有效。最终正式合约的预期收益将高于口头合约，合约治理方式便由口头合约演化为正式合约了。由此本书提出假说六：

农业生产要素规模化需求，通过交易数量驱动实物融资合约的正式治理。

规模户以追求利润最大化为目标，会采取"开源节流"的生产要素经营战略。规模户会偏好质量更高的农资要素，如产量丰盛、稻谷饱满、食用口感好的稻种，药物高效、药效时间长、药物低残留的农药等。一方面，在价格相差无几的情况下，规模户倾向选择质量更优的农资产品，这种选择是以收益最大化目标来体现质量化的。另一方面，规模户倾向施用农资时进行质量控制，选择施用农资质量更为安全的生产行为，这种选择则以效率最大化目标来体现质量化。基于上述两个目标，规模户会积极通过本地甚至外地官方网站、本地甚至外地农资大会等渠道搜集农业生产资料的相关信息，比较和熟悉各种农资的情况，并在选购农资时进行大量筛选。不同于传统小农基于碎地块、高成本和低知识位势进行交易，规模经营的创新生态系统内部的知识流动提升了规模户的知识位势，如对农资市场信息的掌控，各种农资使用风险的预判等，进一步促使规模户弱化亲缘和地缘关系搜寻与匹配农资商，选择最有利于发挥农资质量化投入效率的产品。不同的空间逐渐产生了外延拓展的水稻生产群体集聚的初始状态，规模户与农资商之间的乡土熟人关系出现弱化。

作为农资市场上的优质客户，规模户自然会成为农资商所追逐的重要目标。在有限的乡土社会内部，为了获得与规模户长期稳定的合作关系，农资商之间便会进行激烈的市场竞争，为规模户提供各种形式的促销打折服务，针对农业规模经营的农资需求特点构建相应的营销网络服务。可见，小农户与农资商之间是多对一的关系，规模户与农资商之间是一对多的关系。农资商在新竞争环境下必须在整个经营领域和全部产品中，从根本上强调大而强或者小而精战略，如主动提供并指导专业的化肥施用技术信息，这便弱化了熟人关系为交易带来的促进作用。同时，农业规模经营对农户产生的利润最大化驱动力，无形的知识网络给农户带来的高知识位势，能够有效降低乡土社会内部的相对"封闭性"——"本"乡本土性和"入"乡者的熟人化，使熟人关系无法复制。因此，就算在乡土社会内部，规模户也可以弱化熟人关系拥有更多的选择集合和筛选余地，同一个空间逐步产生了志同道合的水稻生产群体集聚的初始状态，规模户与农资商之间的亲缘和地缘关系出现弱化。

交易关系的弱化表现为市场横向变广和纵向变厚。农户在更广的市场范围与不同的农资商打交道，农资交易不再是小群体内部的人格化交易，更多的是复杂的、跨群体的非人格化交易。因此，圈层扩散而形成的信任是比较脆弱的。由于人都是机会主义者，有些农户持有的资产明显属于专用资产。熟人关系缔结口头合约所约定的内容漏洞可能被机会主义的农户所利用，会降低农资商的融资收益，增加农资商承担的融资违约风险，口头合约的互联性和可行集合减少。此时，建立起稳定透明和可预测的合约制度就会产生基于法律制度的信任，强化了信任的简化机制，促使农户与农资商之间建立信任并不断增强。最终，人情制度失效，取而代之的是法律制度下外生的正式合约。由此，本书提出假说七：

农业生产要素质量化和竞争化发展，通过交易关系驱动实物融资合约正式治理。

根据上述理论分析，本书认为，实物融资合约的正式治理是传统农业演化发展的新形态，是基于实物融资交易特征（包括数量和关系）的特殊发展阶段。本书构建了一个驱动机制图（图 3-2）展现农业规模经营引致合约正式治理的理论机制，具体以农业规模经营的规模化、质量化和竞争化三个维度为起点，规模化通过交易数量的提升触发成本机制，质量化和竞争化通过交易关系的弱化产生劳动分工机制和简化机制，共同对合约正式治理产生积极影响。

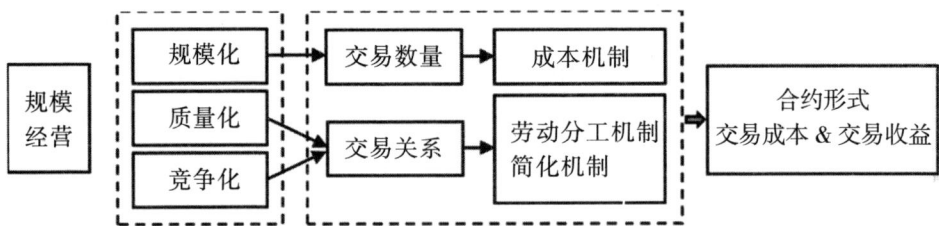

图 3-2　规模经营、交易特征对合约演化的驱动机制图

（四）合约安排对正规融资和实物融资关系的影响机制分析

本书假设农户进行农业规模经营可依赖的外部融资渠道只有实物融资和正式融资，农业规模经营资金需求主要包括农资、农地、农机和雇工四部分。Myers 和 Majluf 提出的啄序理论（pecking order theory）指出，农

户寻求债务融资时会优先选择非正式融资。我们的田野调查也表明实物融资显性成本为零，因此，本书进一步假设当农业生产面临资金约束时，农户会优先选择实物融资渠道购买生产要素。

不同于正式融资的信用审查、信贷配给发生和抵押担保监督的刚性信贷机制，传统实物融资的运行制度源于社会网络、社会规范和共同文化传承的软性信贷机制。对于农户而言，融资成本来自事前缔约成本和事后违约成本，由于这两种融资渠道存在缔约和执约制度差异，其成本名目也有所不同。软性信贷机制使实物融资成本不仅包括农资价格（显性成本），还应考虑农户的声誉累积成本（隐性成本）。因此，实物融资的成本主要包括利息成本、声誉维护成本和声誉损失成本，其中，日常声誉的维护成本和违约声誉的损失成本共同构成声誉累积成本。正式融资的成本主要包括利息成本、物质交易成本和物质违约成本。农户选择优先融资渠道则取决于分别增加单位融资所需要的实物融资成本与正式融资成本间的比较，由于实物融资的要素溢价成本不显著，实物融资结构主要取决于声誉累积成本与正式融资成本的比较。

本书基于金融契约理论，构建符合中国农村金融市场特征的实物融资结构模型来解释中国农村金融市场中实物融资与正式融资的关系。此外，本书试图将声誉纳入理论分析框架，用于探讨合约安排对实物融资与正式融资关系的影响路径。

本书以传统乡土社会中农户优先选择实物融资为起点，首先假设实物融资利率为 $r_S = \sigma_S \geq 0$，由利率成本和声誉累积成本构成。正式融资利率为 $r_B = \sigma_B \geq 0$，由利率成本、物质交易成本和物质损失成本组成。实物融资和正式融资均会放松农户融资约束。

从事农业规模经营的农户通常是乐观积极的，其农业投资是经过深思熟虑的。当农户可以获得实物融资和正式融资时，农户会选择 I、q、L_S 和 L_B 使效用最大化。农户从事农业规模经营的效用函数包括两部分：第一部分效用表示投资的剩余利润；第二部分效用表示私人收益分别与投入要素和现金的转移[1]有关。本书首先设定农户的效用函数如下：

$$U = \max\{0, pQ(I) - (1+r_S)L_S - (1+r_B)L_B\} + \phi[\beta(q-I) + (\omega+L_S+L_B-q)] \quad （3-16）$$

公式中，U 表示农户的效用；p 表示产品价格；$Q(\cdot)$ 表示给定投入资金的产量；I 表示农户的农业总投资水平；r 表示融资利率；L_S 表示实物融资规模；L_B 表示正式融资规模；$\bar{L}_S$ 表示实物融资规模的上限；$\bar{L}_B$ 表示正式融资规模的上限；ϕ 解释为债权人脆弱性，即 ϕ 越小时，债务人越受到保护；β 衡量投入品流动性，即 β 越大时，生产要素越容易像现金一样转移成私人收益；q 表示要素购买规模；ω 表示自有资本。

约束条件如下：

$$q \leqslant \omega + L_B + L_S \quad （3-17）$$

$$I \leqslant q \quad （3-18）$$

$$L_B \leqslant \bar{L}_B \quad （3-19）$$

$$L_S \leqslant \bar{L}_S(q) \quad （3-20）$$

式（3-17）表示要素购买规模受到资金的限制，式（3-18）表示投资受到要素购买的限制，式（3-19）表示正式融资受到信用上限的限制，式（3-20）表示实物融资由要素购买规模决定。

当农业规模经营的预期收益很低，第一部分效用约为零时，理性的农户选择 $I=0$ 和 $q=0$ 来最大化效用。理性的放贷人预计到债务市场的道德风险，只有当农业规模经营的回报足够大，农户能抵御转移的诱惑时，放贷人才会选择放贷。因此，除了式（3-17）至式（3-20）中指定的约束外，本书还有以下的激励兼容（IC）条件：

$$pQ(\omega + L_S + L_B) - (1+r_S)L_S - (1+r_B)L_B > \phi(\omega + L_S + L_B) \quad （3-21）$$

式中，左边是农户从农业投资中获得的最大回报；右边是从转移中获得的最大收益。显然，上述激励兼容（IC）条件已经满足了贷款人的参与条件。

---

[1]　更准确地说，农户可能会使用（部分）可用资源来产生无法验证的私有收益。已有研究把这种机会活动称为转移。

在式（3-21）的约束条件下，上述农户与放贷者之间的债务融资博弈达到了博弈完美均衡：

$$pQ(\omega + L_S^* + L_B^*) - (1+r_S)L_S^* - (1+r_B)L_B^* = \phi(\omega + L_S^* + L_B^*) \quad （3-22）$$

由此，我们可以推导出实物融资对正式融资的影响函数[1]：

$$\frac{dL_B^*}{dL_S^*} = -\frac{pQ'(I) - (1+r_S+\phi)}{pQ'(I) - (1+r_B+\phi)} \quad （3-23）$$

由于实物融资的成本是声誉积累成本，当成本变化时，农户进行实物融资的概率和规模就会同向变化。具体而言，口头合约可以通过以下三种效应来增加高声誉农户的声誉积累成本。

非正式效应。过去农户普遍认为赊账买商品是一种丢脸的行为，当农户通过口头承诺或单方面记账的方式进行实物融资时，便会产生"坏"的乡土舆论，即通过乡土社会的口耳相传直接降低农户家庭声誉。因此，非正式效应会增加高声誉农户的声誉维护成本。

心理账户效应。实物融资违约的直接成本是农户在乡土圈层（即熟人社会）中的信誉损失，正式融资违约的直接成本则是抵押质押品或者担保人的财富损失，这两类融资对应着农户不同的心理账户。对于农户而言，乡土圈层属于共同体[2]内部，由于共同体内部的信息十分对称，一旦自身或家族出现实物融资违约，农户在乡村中的信誉或名声受损，其与乡村其他成员达成交易的可能性将几乎为零，生活质量也会下降。也就是说，实物融资违约会产生高额的声誉损失成本。因此，心理账户效应增加了高声誉农户的声誉损失成本。

风险厌恶效应。声誉是一种不可交易、不可替代也不能编纂的资产，声誉的丧失不仅有相当的成本，且损失后果具有不确定性。将实物融资拓展到农业产业供应链中，实物融资逾期者无法判断产业上下游供应商对声誉损失的反应及其后果，进而无法明确判断未来的可融资规模、期限、条

---

[1] 具体推导过程详见附录A。

[2] 共同体可以指一个家庭、一个家族、一个宗族、一个村落。

件等借贷禀赋。因此，口头合约的违约损失不确定性间接增加了高声誉农户的声誉损失成本。

由于农户的实物融资规模受到声誉和合约安排的影响，因此，本研究设定农户的实物融资规模函数：

$$L_S = v^{-\alpha}, v \in (0, 1) \cup (1, + \infty) \qquad （3-24）$$

式中，α 表示农户在乡土圈层的声誉；v 表示实物融资合约安排，$v \in (0, 1)$ 表示实物融资市场化程度较低，口头合约安排占据实物融资市场的主导位置，$v \in (1, + \infty)$ 表示实物融资市场化程度较高，正式合约安排占据实物融资市场的主导位置。

低声誉个体的高融资成本会导致投资无效率，无法获得较多的银行信贷和优惠的贷款利率，高声誉则能够带来更多的银行信贷和更低的贷款利率。在口头合约安排下，即 $v \in (0, 1)$ 时，实物融资规模是声誉的指数减函数，实物融资规模随着农户声誉的增高而减少。低声誉农户的实物融资成本较低，选择参与实物融资；随着声誉水平的增加，当高声誉农户的实物融资成本增加至 $pQ'(I) < 1 + r_S + \phi$ 时，$pQ'(I) - (1 + r_S + \phi) < 0$，高声誉农户倾向参与正式融资而不参与实物融资。由此，本书提出假说八：

在口头合约安排下，实物融资与正式融资之间具有替代关系。

在传统实物融资市场向现代实物融资市场转变的过程中，实物融资的合约制度不断地向正式合约演变，逐渐形成了正式化的实物融资市场。在正式合约安排下，合约可以通过减少非正式效应、心理账户效应和风险厌恶效应来降低高声誉农户的声誉维护成本和声誉损失成本。即 $v \in (1, + \infty)$ 时，实物融资规模是声誉的指数型增函数，实物融资规模随着农户声誉的增高而增加。低声誉农户的实物融资成本较高，将退出实物融资；高声誉农户的实物融资成本减少至 $pQ'(I) > (1 + r_S + \phi)$ 时，$pQ'(I) - (1 + r_S + \phi) > 0$，高声誉农户会倾向参与实物融资。依据前文所述，虽然农户拥有一定规模的自有资本，但自有资本远不足以支撑农业规模经营，越高的实物融资规模代表了越大的农地经营规模，也就需要越高规模的正式融资予以支撑，此时，实物融资与正式融资互补构成外部融资。由此，本书提出假说九：

在正式合约安排下，高声誉农户同时参与实物融资和正式融资，实物融资与正式融资之间呈互补关系。

第三节　调查设计

为了描述农户面临的农村信贷市场现状和农业生产经营的具体表现，本书设计了农户调查问卷（详见附录 B）。

一、样本地区调查设计

调查文件的内容主要包括：农户家庭成员的基本情况、农地流转情况、农业生产经营情况（水田种植为主）、农户收入结构、农户消费支出、家庭资产水平（金融资产、耐用消费品和生产性固定资产）和农户贷款情况（2014 年以来正规金融机构贷款和非正规贷款），实地调查分别为江苏（宝应县、高邮市、扬州市江都区、兴化市、如皋市和海安县）、湖南（沅江市、常德市、湘潭市、娄底市和益阳市）和江西（南昌市、安义县、鄱阳县、泰和县、丰城市和吉安县），样本地区农户的代表性以及样本获取情况如下。

本书选取长江中下游地区以获取调研样本。江苏地处长江三角洲地区，平原辽阔，主要有苏南平原、江淮平原、黄淮平原和东部滨海平原，自然条件优越，经济基础较好。截至 2021 年 12 月 31 日，江苏共辖 13 个设区市，95 个县（市、区），总人口数 8505.4 万，总面积 10.72 万平方千米。现有耕地 6870 万亩，水田 3226 万亩，主要农作物包括水稻、小麦和油菜。

湖南地处长江中游南部，东、南、西三面环山，中部丘岗起伏，北部湖盆平原展开，沃野千里。现辖 13 个地级市、1 个自治州、122 个县级区划，截至 2021 年，湖南常住人口为 6622 万人，总面积 21.18 万平方千米。现有耕地 6223.2 万亩，水田 4537.8 万亩，主要农作物包括稻谷、棉花、茶叶和柑橘。

江西位于长江中下游交接处的南岸，以江南丘陵、山地为主，盆地、谷地广布，略带鄱阳湖平原。现辖 11 个设区市、100 个县级区，截至 2021 年末总人口 4517.40 万人，总面积 16.69 万平方千米，现有耕地 4082.43 万亩，水田面积 3405.73 万亩。农作物主要包括烟草、脐橙、水稻和金橘。

本书对调研样本地区江苏、湖南和江西的农业发展阶段和县域经济金融市场情况做描述性统计，以确保研究区域选择具有代表性和差异性，调研样本能够真实地反映出各地区农业生产经营、金融市场和经济发展水平，且具有各省份农村地区的发展特征，从而为后面的实证研究建立实际背景情况和基本数据支撑。

从表 3-1 调查农户农地经营规模看，各省份水稻种植农户户均耕地面积存在较大差异。本书选取调研地区江苏、湖南和江西数据，并加入户均耕地面积最小省份贵州、户均耕地面积最大省份黑龙江做比对。全国平均而言，户均稻田面积为 37.85 亩，江苏、湖南和江西地区的户均面积均只有 10 到 20 亩，低于全国平均水平。与前文中农户规模划分的解释相吻合。

表 3-1   调研省份水稻种植农户耕地经营规模统计   单位：亩

具体指标类型	江苏	湖南	江西	贵州	黑龙江	全国平均值
户均耕地面积	16.73	14.52	14.51	3.96	267.27	40.49
户均稻田面积	16.25	14.01	13.23	2.77	265.89	37.85
转入稻田面积	10.14	5.03	8.03	0.31	225.65	28.62

数据来源：2013—2015 年固定观察点的农户调查。

表 3-2 数据显示，江苏人均地区生产总值远高于全国平均水平，湖南、江西两省人均地区生产总值均低于全国平均水平，江苏农业地区生产总值占比为 5.6%，湖南为 7.6%，均低于全国平均水平，江西为 10.7%，略高于全国平均水平。江苏农民人均纯收入高于全国平均水平，湖南和江西则低于全国平均水平。湖南和江西的农业人口占比均过半，超过全国平均水

平。因此，江苏、湖南和江西的抽样分别代表了处于不同经济和农业发展阶段的县域农村经济发展水平。

从县域金融发展水平和农业贷款水平来看，江苏的县域金融机构网点数多于湖南和江西，湖南和江西网点数接近。就农户贷款余额水平来说，江苏明显高于湖南和江西，但以其在农户贷款余额占比来看，江苏则远低于湖南和江西，且低于全国平均水平。由此可以看出，江苏的经济和金融所处的发展水平代表了中上等发展水平地区，湖南和江西则代表了中等发展水平的地区，且三者的农业发展水平均良好。

表3-2 调研省份经济指标均值统计

具体指标类型	江苏	湖南	江西	全国平均值
人均地区生产总值 / 元	81874	40271	34674	46629
农业地区生产总值占比 /%	5.60	7.60	10.70	9.20
农民人均纯收入 / 元	14958	10116	9516	10488
农业人口占比 /%	34.80	50.72	54.14	45.20
乡村户数 / 万户	1430.61	1063.37	684.80	–
县域金融机构网点数	3898	2928	2188	–
农户贷款余额 / 亿元	5067.88	3653.23	3249.12	2285.32
农户贷款余额占比 /%	20.47	48.29	45.28	30.80

数据来源:《江苏统计年鉴2015》《湖南统计年鉴2015》《江西统计年鉴2015》和《中国统计年鉴2015》

从农地经营规模水平来看，三省份调研的农地经营规模水平低于全国平均水平，而从经济和金融市场发展水平来看，江苏高于全国平均水平，湖南处于全国平均水平，江西则低于全国平均水平，不过湖南和江西两省的农户贷款余额占比水平较高。总体来说，从农地经营规模和经济金融的整体发展水平来看，三个省份人口较为密集、人均耕地面积较小、农村金融市场处于中等发展水平，因此，在全国具有代表性。

二、抽样调查情况

本次调查于2015—2016年寒暑假到各调研地区入户进行，具体采取了分层随机抽样的方法。首先在样本县（市、区）选取较好和较差的两个乡镇，在每个样本乡镇按照经济发展水平选取4～6个村，并在每个村按农地规模选取大、中、小规模水稻种植户8～10户入户调查获取农户样本，共获取789户。特别地，大、中、小规模户抽样样本以10亩和50亩进行分层抽样，在后文中大（规模）农户指10亩以上农户，小（规模）农户即指10亩以下（包括10亩）农户。具体抽样情况见表3-3。

表3-3　抽样地区分布情况统计

具体指标类型	江苏	湖南	江西	合计
县（区）数/个	99	122	100	–
样本县数/个	6	5	6	17
样本村数/个	30	25	30	85
乡村户数/万户	905.15	1173.45	686.58	–
样本户数/户	298	183	308	789

数据来源：《江苏统计年鉴2015》《湖南统计年鉴2015》《江西统计年鉴2015》及调研样本数据。

本次农户调查问卷分为以下10个部分：农户家庭成员的基本情况、户主禀赋、家庭资本禀赋、农地流转情况、农业生产投入产出情况（水稻种植为主）、家庭资产禀赋（金融资产、耐用消费品和生产性固定资产）、农户收入结构和消费支出情况、农户贷款情况（2014年以来正规金融机构贷款）、农地金融和赊账融资。

三、信贷约束衡量设计

已有研究经典的信贷约束衡量方法基于特殊设计的直接诱导式询问方

法（direct elicitation methodology，DEM）设计的调查问卷，本书在此基础上将正规金融和非正规金融同时纳入农户面临信贷约束的分析框架内，探究农户受信贷约束的情况。具体的信贷约束判断和识别机制参见图3-3。

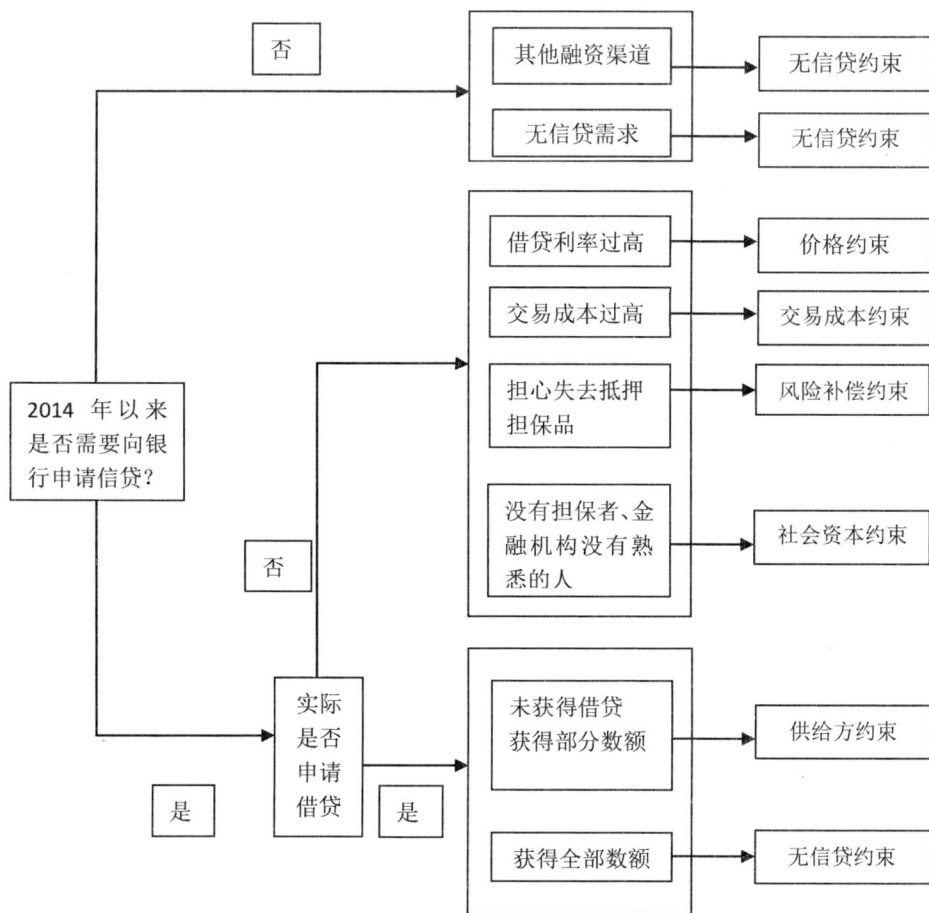

图 3-3　信贷约束衡量机制

　　然而，通过询问"农户是否获得信贷"来判别农户面临的信贷约束并不完全准确，因为此问题只包含实际申请信贷的那部分农户，而超额信贷需求是指所有农户的最终信贷数额小于潜在信贷需求（非有效信贷需求）。因此本书设计获取两类农户：一类是在获得信贷的农户中，其贷款需求没有得到满足（具有有效信贷需求）；另一类是在没有申请贷款的农户中，部分存在潜在信贷需求的农户（具有潜在信贷需求）。例如，本书以"2014年以来是否需求向银行申请信贷"来区分农户是否有潜在信贷需求，若农户回答"的确不需要贷款"，说明他们在资金方面没有融资约束或者缺乏生产投资项目，因而不需要外部资金，即认为这部分农户缺乏潜在信贷需求；若农户回答"有信贷需求"，对于这部分农户，继续询问"首次借钱是否获得全部融资需求"，若没有获得全部融资需求则判定农户受到信贷约束，而获得了全部融资需求的农户则不受信贷约束。

接下来本书以正规信贷的问询做进一步信贷约束的细分研究。针对有信贷需求的农户询问"是否首先向正规金融机构申请信贷"，针对没有向金融机构申请的农户，继续询问农户"为什么不向正规金融申请"。答案选项为：①利息太高；②手续太麻烦，其他贷款成本太高；③没有抵押品；④担心抵押品损失风险；⑤无所谓是否借贷；⑥其他。其中，首选正规金融渠道却发生了非正规融资的类型识别借鉴"溢出效应"的概念，当贷款者从首选的借贷途径得不到满足时使用第二种形式的借贷，便认为其在首选借贷途径中受到信贷约束。具体而言，当农户首选信贷渠道为正规信贷却发生了非正规信贷时，说明其在正规金融机构受到了信贷约束。针对问题的回答，农户没有申请的原因有三种：①价格约束。部分农户认为农村信用社贷款的利息太高，这类农户其实并不一定不能获得正规信贷，但是他们不愿意支付对他们而言太高的利息。②交易成本约束。贷款手续太麻烦导致农户进行信贷的交易成本过高，过高的非利息成本导致农户即使获得信贷，其投资的盈利性农业生产经营的利润水平大大降低甚至不再盈利，这类农户虽然具有潜在信贷需求，依然会选择放弃申请信贷。③风险补偿约束。这部分农户担心还不起贷款或者抵押物难以收回，不愿意承担债务负担或者风险。④社会资本约束。这部分农户可以偿还贷款，但缺少担保方或者熟人在金融圈层等社会资本，他们了解金融机构放贷机制而知道自己无法获得贷款。这类农户具有潜在的信贷需求，对自身实施了需求方信贷约束。交易成本过高、隐含的契约风险和无信心申贷是导致未申请农户的有效信贷需求小于名义信贷需求的主要原因，这类农户受到的是需求方信贷约束。若实际申请信贷，却没有获得信贷或者没有完全获得的农户，则受到供给方信贷约束。

本书认为，农户是否受到正规信贷约束取决于其在正规途径资金可得规模、家庭资产禀赋、社会资本禀赋和农业资本禀赋。如果观测到农户有其他外部资金获取方式，要么是在正规信贷部门受到约束，要么是因为这种非正规贷款成本低。在大部分发展中国家的农村金融市场中，正规和非正规贷款的主要区别在于交易成本、规模和监督成本的差异。因此，信贷约束的识别也需要考虑通过其他外部融资方式获取资金的农户，他们属于未受到正规信贷约束的类别。

第四节　本章小结

理论上，农户的潜在信贷需求、实际信贷需求与实际信贷获得是不一致的。为了识别实际中的农户信贷供需行为，本书进行了诱导式询问调查，对农户设计了两层问询框架：一层次涉及农户的实际申请信贷和信贷获得的情况，包含申请信贷规模（是否申请贷款）、申请后获得信贷规模（是否获得信贷）以及获得的贷款基本信息（贷款利息、贷款期限以及贷款用途等）；另一层次涉及农户未实际申请信贷，但存在潜在信贷需求的情况，包含潜在信贷需求、未申请贷款的详细原因以及信贷需求动机等（调查问卷的具体内容详见附录 B）。

考虑到要保证调研样本的质量和研究数据的真实有效性，本书在正式调研前进行了预调研，并选取了本专业研究生参与正式调研。在调研前进行调研培训，培训过程由问卷设计者逐项讲解，重点难点讲解，强调注意事项与问题和可能出现的疑义情况。在调研过程中，每日对调研当天出现的问题进行总结，及时查漏补缺以更新对微观主体现状的掌握，修改完善问卷内容。在调研结束后，及时录入问卷并收回，对可能存在的问题再进行一轮查漏补缺。调研地点和农户均按照理论上有序分层抽样的方式进行，在实际调研过程中，采取问询者和农户之间一对一问答的方式，并在问询过程中通过问询者的自身融入，增加与农户的"互动聊天"，降低农户的防备心理，进一步确保调研数据的真实性和有效性，从根本上解决农户自己填写造成的问卷无效问题。

根据调研样本各项指标的描述性统计，样本数据与表 3-2 中的地区宏观经济发展水平的各项指标一致，各调研地区的差异性也与宏观统计指标一致。具体地，湖南、江西两省的人均生产总值、农民人均纯收入、县域金融机构网点数和农户贷款余额的均值小于江苏。这一方面反映出调研样本的选取在代表省份地区上具有有效性，另一方面反映出调研的不同地区具有不同的经济发展水平和农业发展水平，说明区域间存在差异性。调研样本的描述性统计会以变量形式进一步在后文中作详细分类和描述统计。

第四章　农业规模经营与农村金融市场的现状描述

第一节　农业规模经营与农村金融市场的宏观描述

农业规模经营和农村金融市场是本书所要探寻的，了解和掌握二者的实际发展情况，才能真正地窥见其存在的问题并思考解决方法。而对实际情况的探视需要抽丝剥茧，需要从外到内、由远及近，通过透过现象看本质的能力，最终抓住问题的根本。因此，本节首先从宏观层面看中国近年来农业规模经营和农村金融市场的发展状况，为我们掌握发展全貌提供了数据参考。

一、农业生产经营方式转变

农户与农村金融市场之间的关系总与整个时代背景息息相关，随着农村经济结构发展的转变，农户农业规模生产经营结构同时发生着转变，从传统的小农经营到非农化再到农业规模经营。农户既不再是恰亚诺夫、波兰尼和科斯特所言的"道义小农"，也非舒尔茨、波普金所言的"理性小农"。

（一）农业生产经营方式转变历程

农业领域的新理念、新技术、新业态层出不穷，农业经营的集约化、专业化、组织化、社会化水平逐步提高，对金融支持服务的需求呈现新的特点。这意味着，现代农业相较传统农业，其最显著的特点在于基于科学技术将工业产业的生产资料投入农业生产以应用，从而形成了规模化特征。规模化使农业投资资金需求规模扩大、资本投入密集以及生产风险增加，极大地改变了农业信贷需求特征，由"小额、短期、分散"转变为"大额、长期、集中"，由季节性周转式需求转变为稳定性固定式需求。农户对土地流转市场的参与、农业机械的购置、农业基础设施的改善实施行为均是信贷需求特征转变的动因。随着农业现代化的推进，农村金融的服务范围将不再仅仅局限于基础信贷，还可以扩展到租赁、保险、期货等。然而，若信贷需求的结构变化未被及时满足，金融市场就可能成为农业规模经营发展的瓶颈。

如何加快农村金融市场出清，必须了解现阶段农户的金融需求是什么，而需求是由农业规模经营发展的方式决定的。本小节从农户的农业生产经营方式现状入手，了解现阶段农户的农业规模经营状况。

1. 家庭联产承包责任制的局限性与规模经营趋势

家庭联产承包责任制的实质是一种小农经济。其生产模式呈现出的自给自足状态与农业现代化包含的专业化、商品化相矛盾，细小的农业规模无法使务农收入跟上社会人均收入水平。总的来说，传统的小规模农业经营，其自给自足的经营特征形成的低经济效益造成了农业发展市场化进程缓慢。首先，农业小规模经营的农业机械、物质和劳动力资本投入是一种不经济经营，导致农业生产的资源配置效率不高，部分推动了农产品价格的上升；其次，农业小规模经营提高了一定规模的农产品成本，不利于农户维护自身的经营利益，也进一步降低了农产品市场竞争力；再次，长期的农业小规模经营，无法有效激励农户对农业经营创新的科学技术引入和基础设施的改善，而这些是提升土地生产率即资源配置、社会效率的关键；最后，不同于蔬菜、瓜果类等经济作物依靠技术集约或资本集约，大田类粮食作物具有土地集约的性质，因此存在农地规模太小或难以扩大的问题。实践证明：小规模的生产经营可以解决农民的温饱问题，但无法解决其致富问题。因此，无论是从理论逻辑还是从各个国家的实践来看，规模化经营是粮食作物农业现代化的发展基石。

2. 中国的农业规模化经营仍需坚持家庭经营

中华人民共和国成立后，围绕着实现"农业现代化"，中国对农业的规模化经营的探索经历了一段艰难而曲折的历史过程。从早期的农业合作化运动到后来出现的人民公社化，初衷都是要通过规模生产来提高农业生产效率。然而，在实践过程中生产力无法与调整的生产关系相匹配，导致当时推行的农业规模化经营最终失败。

2004年后，我国政府颁布了形式各样的方针政策（农业税减免、农业直接补贴等）扶持农业的发展，有效地提高了农民农业生产的主动性和积极性。然而，农业人口数量庞大、人均耕地面积较低的客观条件造成农业经营始终保持着小规模形态，相较非农收益长期较低。在家庭联产承包责任制长期存在的基础上，发展农业经营规模化模式需要进一步探索。

2013年中央一号文件明确提出"加大新型生产经营主体信贷支持力度……鼓励和支持承包土地向专业大户、家庭农场、农民合作社流转，发展多种形式的适度规模经营"。这表明中央政府从政策层面支持种粮大户等新型生产经营主体的发展。在实践中，部分农业经营农户通过流入规模农地进行专业化农业生产，有效提升了农地资源的配置效率，为农业现代化的发展转型起到了重要作用。然而，实行农业规模经营的过程需要规模资金支持，从最基础的农地流入、从种子到农药再到化肥的农资投资和从播种到收割的农机投资。而农业生产的长周期性也间接增加了农户农业规模经营的资金压力，不完全的资金问题将对农户的农业规模经营产生直接影响。

3. 全国耕地流转变化趋势

表 4-1 根据对全国 30 个省、区、市（不含西藏和港澳台，下同）农村经营管理情况统计年报数据汇总：家庭承包耕地流转面积增加趋势明显，流转面积占耕地面积比例攀升，占到了家庭承包经营耕地总面积的 35%。由此可见，农地流入家庭的农业生产地位、重要程度逐年上升。其中，转入方中农户比例逐年下降，合作社和企业数量明显上升。国家鼓励农户成立专业合作社并给予大户奖励与补贴，对农户个人向合作社的转变产生了促进作用。

表 4-1   2010—2016 年全国耕地流转变化趋势

具体指标类型	2010 年	2011 年	2012 年	2013 年	2014 年	2015 年	2016 年
家庭承包耕地流转面积 / 亿亩	1.87	2.28	2.78	3.41	4.03	4.47	4.79
增速 /%	–	22.10	21.90	22.50	18.30	10.90	7.30
占家庭承包经营耕地面积 /%	14.70	17.80	24.88	26.00	30.40	33.30	35.10
转出户 / 万户	3307.00	3877.00	5078.00	5261.00	5833.00	6329.50	6788.90
流转入农户 /%	69.20	66.60	63.10	60.30	58.40	58.60	58.40
流转入合作社 /%	11.90	15.70	19.50	20.40	21.90	21.80	21.60
流转入企业 /%	8.10	8.60	9.30	9.40	9.60	9.50	9.60
流转入其他	0.80	9.10	8.10	9.90	10.10	10.10	10.40

资料来源：2010—2016 年《中国农村经营管理统计年报》

表 4-2 中数据统计结果显示，截至 2016 年年底，小规模分散经营仍是农业经营方式的主体。具体地，经营耕地规模在 30 亩以下的农户为 2.50 亿户，占统计农户总数的 96.00%，比 2010 年下降 0.3 个百分点。从 2010 年到 2016 年的变化趋势看，经营规模 30 亩以上的农户数量呈小幅增长态势。相较 2010 年，耕地规模 50 亩以上的农户数量增加较快，增长超过 100 万户，已达到 376.2 万户，占总农户数的 1.3%。其中，经营规模

50 ～ 100 亩、100 ～ 200 亩、200 亩以上的农户数分别占 50 亩以上农户数的 67.0%、23.3%、9.7%。

表 4-2　2010—2016 年不同耕地规模农户数分布变动趋势

具体指标类型		2010 年	2011 年	2012 年	2013 年	2014 年	2015 年	2016 年
0~30 亩 [1]/ 亿户		2.58	2.57	2.55	2.54	2.55	2.50	2.50
占经营耕地农户比 /%		96.30	96.30	96.20	96.20	96.10	96.00	96.00
50 亩以上 / 万户		273.30	278.10	287.50	317.50	341.40	356.60	376.20
其中:	50~100 亩占比 /%	–	–	71.00	70.00	69.00	68.00	67.00
	100~200 亩占比 /%	–	–	19.70	20.50	21.90	22.40	23.30
	200 亩以上占比 /%	–	–	9.30	9.50	9.10	9.60	9.70

资料来源：2010—2016 年《中国农村经营管理统计年报》

二、农村金融市场发展状况

贷款指银行或其他金融机构根据资金必须归还的原则，按一定利率，为企业、个人等提供资金的一种信用活动形式。我国银行贷款分为短期贷款、中长期贷款、融资租赁、票据融资、各项垫款、境外贷款等。

（一）农村金融机构网点分布情况

2006 年，政府新一轮以市场化为导向的农村金融改革试点启动，放宽了农村金融市场准入门槛、新设农村金融机构的资本要求，大量小型、微型中小金融机构得到了培育，从而改变了我国长期以大中型农村金融机构为主体的农村金融市场格局。截至 2009 年年底，全国小型、微型法人金融机构（如村镇银行、贷款公司、农村资金互助社等）数量达到 2900 家，

[1]　此处统计不包含未经营耕地农户。

但由于这些机构总量小、市场份额小，仍难以从根本上解决农村金融供给主体不足的问题。

截至 2006 年年底，县域四家大型商业银行机构的网点数为 2.6 万个，比 2004 年减少 6743 个。表 4-3 的数据统计内容显示，截至 2016 年年底，农村信用社县域网点数为 28285 个，比 2006 年减少 23804 个，而农村商业银行网点数为 49307 个，2006 年只有 505 个。由于大型商业银行在农村金融市场中存在信息不对称，因此带来信贷成本高和信贷风险高的问题。在 2016 年前的市场化改革过程中，由于对风险和成本的考虑，四家国有商业银行的网点陆续从县域撤并，从业人员逐渐精简。同时，部分农村金融机构也将信贷业务转向城市和发达地区，致使部分农村地区出现了金融服务空白。2016 年中国人均银行网点密度等基础金融服务已达到国际中上游水平，但中小型金融机构总量增加不显著，且以利润最大化为目标的商业银行暂未能实现对农村地区可持续发展的支持。

表 4-3　农村中小金融机构经营网点分布情况统计表　　单位：个

具体指标类型	2004 年	2006 年	2014 年	2016 年
农村信用社	60869	52089	42201	28285
农村商业银行	535	505	32776	49307
农村合作银行	1800	2515	3269	1381
村镇银行	–	–	3088	4716
贷款公司	–	–	14	13
农村资金互助社	–	–	49	48
合计	63204	55109	81397	83750

资料来源：《中国农村金融服务报告（2014）》《中国农村金融服务报告（2016）》。

（二）农地流转与正规信贷的宏观描述

首先，农地流转市场从 2010 年开始统计，因此，2010 年前无具体统计数值。图 4-1 统计结果显示，近年来金融机构信贷资金的总量大幅增加，即经济的发展促进了金融机构贷款规模的增加。同时，农户贷款虽呈现出递增趋势但上升缓慢，与信贷总额的上升势头不完全一致，即农户的信贷需求和需求未被有效满足的问题均可能导致这一现象。另外，农地流转面积的增长出现了增速下降趋势，农户的耕地可流转背景下形成的农地流转面积增长趋势与农户信贷增长趋势并不一致，即农户信贷可能未有效投资于农业的规模经营之中。这一简单的宏观数据统计也为接下来的微观问题研究做了一定铺垫。

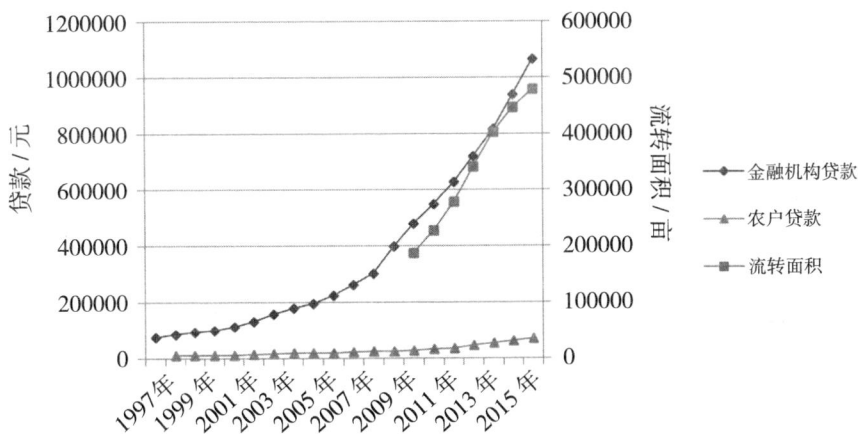

图 4-1　2010—2016 年农地流转面积与信贷规模变化趋势图

（三）非正规信贷市场的长期存在

在世界范围内，农村信贷市场的需求主体——农户面临着信息不对称和缺乏可资抵押资产的问题。在发展中国家和地区，农村非正规金融对农户具有异常重要的作用。相较正规金融，非正规金融具有的历史渊源更为久远，正规金融也是一种在非正规金融制度上的进一步创新与发展的产物。纵观当今世界上许多国家，特别是在发展中国家，非正规金融构成了农村信贷市场中的一个不可或缺的部分，支撑了部分农村信贷需求主体，农村金融市场上正规与非正规的并存在发展中国家是一个普遍发生的二元结构。作为资金的供给者，二者之间既是互补关系也是替代关系。已有研究者从多个角度在理论上解释了农村信贷市场中一直广泛存在的非正规信贷部门的原因。

第一类观点：非正规金融市场的长期存在是外在制度扭曲的结果。由于政府实施的金融抑制政策，譬如对贷款利率进行管制，造成信贷供给远低于农户的信贷需求，农户的信贷需求无法得到满足，这样一来农户会受到正规信贷的供给方约束，由此便产生了非正规金融。Mckinnon 最早提出发展中国家金融抑制假说，第一次明确论证了非正规金融存在的制度性根源。与之持类似观点的还有 Chaudhuri 和 Gupta，他们认为农村正规金融机构的代理人故意拖延贷款的发放时间，促使了农村非正规金融的产生。

第二类观点：因为无法跨越正规金融部门的高门槛而求助于非正规金融，无论是从理论分析还是从实践经验来看，农村正规金融的大门很少向真正需要资金的穷人们敞开。农户和农村企业缺乏农村正规金融机构放贷所需要的契约条件，譬如抵押品、信用评级，再加上手续复杂、审批时间过长等客观条件限制，使得非正规金融得以存在。

第三类观点：农村金融市场上正规金融与非正规金融的互补与排斥。非正规金融会因竞争的加强而衰退。印度在一定程度上证实了这个假说。印度最初私人放贷占比较高，1951 年占农户贷款总额的 92.8%，为满足新增的农业投资需求，政府对 14 个商业银行实行了国有化，还增设了地区农业银行和农民的服务合作社机构，使得农村融资状况发生了很大变化，从原本单独依靠农业信贷合作社转变为商业银行在内的多种机构提供农业信贷。到 1986 年，印度商业银行农贷占农民贷款总额的比例上升至 30% 左右。但是也不尽如此，特别是当正规金融以补贴信贷的方式分配金融资源时，非正规金融市场并不会因为竞争的加强而消失，非正规金融的利率也不会下降。

第四类观点：基于农村金融市场信息不对称内生出的非正规金融。非正规金融具有地域内的信息优势，可以在信贷交易中起到正规金融无法达到的降低交易成本的作用，因此内生出了非正规金融。在发展中国家的农村地区，信贷呈现出小额分散的特性，极大地增加了正规金融信贷交易和监督成本，而征信系统的缺失又进一步增加了正规金融为降低风险而增加信息获取的成本。相比之下，非正规金融则因为地域内的信息优势，更容易在圈层中发生信贷交易。虽然非正规金融自身在规模和地域上存在局限性，但在一定范围内，其与正规金融形成了良好的互补效应。非正规金融拥有的信息优势在某一圈层中产生了正外部性，从而在一定程度上改进了存在信息不对称问题的正规金融部门的信贷配置效率，进而促使农村地区金融市场的运行效率优化。

第二节　农业规模经营与农村金融市场的微观描述

宏观视角站位虽高，但难免会丢失细节。本节试图从微观层面看近年来与当前中国农业规模经营和农村金融市场的发展状况，与上一节的宏观描述互补。具体而言，水稻种植户的农业规模经营状况和信贷参与情况为我们提供了鲜活的实际案例。

一、农户的水稻种植现状

本节的农户水稻种植微观描述主要包括样本地区农户基本情况、农户的农地规模经营情况和农户耕地利用情况。

（一）样本地区农户基本情况

表4-4数据显示，除了农地经营面积外，湖南和江西样本均值较接近，江苏地区的样本均值均高于湖南和江西两省，且与全国统计年鉴数据相符。调研样本具有科学性和代表性，在后文中实证分析时将样本地区以江苏地区和非江苏地区划分。

表 4-4 样本地区农户耕地、收入、资产与支出基本情况   单位：万元

具体指标类型	江苏	湖南	江西
生产性固定资产原值	19.29	6.74	6.63
家庭总收入	55.86	38.79	32.94
非农收入	24.51	7.65	6.39
金融资产	33.36	2.82	6.84
耐用消费品原值	25.98	2.27	2.40

（二）农户的农地经营规模情况

由于我国地理环境、经济发展水平差异较大，不同省份户均耕地面积也存在明显差异。笔者对江苏、湖南和江西农村地区的水稻种植农户耕地经营规模（表 4-5）数据调查结果显示，样本户均耕地面积均在 10 亩以内，户均转入农地面积为 200 多亩。考虑到调研样本的抽样方式非随机抽样，而是分层抽样，因此数据结果与已有全国统计数据不一致。但是可以肯定的是，长江中下游的水稻种植户均面积并非全国前列。一方面是部分地区不利的地形地势导致对水稻生产所需的资源设施环境的高成本投入需求障碍，配套资金并未跟上；另一方面则是部分地区非农经济的快速发展导致地租的上涨，不利于从事农业生产农户的利润最大化的目标实现，加剧了大片的耕地撂荒现象。尽管缺乏全国统计数据，大量的数据还是提供了多样化的证据。例如，2000 年安徽土地总面积的 4% 左右被撂荒；截至 2001 年，浙江 2505 万亩中被常年撂荒耕地占比为 0.2% ~ 5%；2008 年对湖北 5 个县（区）的调查显示被撂荒的耕地面积占比为 1.2%。

表 4-5　调研样本水稻种植农户耕地经营规模　　　　　单位：亩

具体省份	户均耕地面积	户均水田面积	转入农地面积
江苏	5.22	4.88	255.89
湖南	9.43	8.61	253.10
江西	9.02	7.71	194.74
合计	7.64	5.44	228.83

（三）农户耕地利用情况

复种指数描述了耕地的利用情况，是一种重要的描述指标。农业生产复种指数通常表示为：全年粮食播种面积／耕地面积。耕地的复种指数越高，意味着越高的农地利用率；复种指数越低，意味着较低的农地利用率。增加耕地的复种水平可以有效实现农地的节约，增加粮食总产量，是保障粮食安全的重要措施。从本书调研地区的农户复种水平来看，水稻种植农户的平均复种指数为1.12，各省份单双季稻种植制度表现出明显的差异性，江苏的复种指数为1，即江苏地区农户不种植双季稻；湖南和江西两省的复种指数水平较高，分别为1.67和1.34，即平均有一半的农户种植双季稻。

二、农户面临的信贷约束情况

本小节调研地区农户获得贷款的途径主要包含正规信贷和非正规信贷，正规信贷以国有银行和农村商业银行（农村信用社）为主，非正规信贷以亲戚朋友之间的无利息贷款、有息贷款以及与农资商之间的商业信用（赊账）为主。由此看出，调研地区农户信贷市场中，合作金融、小额贷款公司等一系列准正规金融供给并未广泛存在，农户可参与的信贷产品单一。与已有研究结论一致，调研中从事农业规模经营的农户的信贷需求遵循的逻辑在经济发达地区的次序是国家信贷、亲友信贷和高利贷，而在经济欠发达地区且当信贷需求规模较小时，农户则会首先考虑亲友信贷，其次考虑国家信贷，这与传统的农户维生信贷需求遵循的一般逻辑次序（即国家信贷、亲友信贷和高利贷）略有不同。与已有研究结论一致，不同信贷渠道的利息水平排序从高到低为民间高利贷—农村信用社—贸易信用—亲友之间无息信贷。

从信贷需求规模角度描述现阶段农户信贷约束。表 4-6 数据统计结果显示，农户的信贷需求资金规模从千级到万级不等，需求资金规模在 10 万以上的农户数占比最多且需求均值达到了 50 万元以上。但除 5 万~10 万元的需求资金规模段，其余需求资金规模的缺口程度均徘徊于 50%。因此，现阶段农户的信贷需求资金的满足程度未达到 50%。

表 4-6　农户信贷资金缺口统计描述

按信贷需求资金规模分组 / 万元	农户数 / 户	占总农户数比值 /%	需求均值 /万元	获得均值 /万元	缺口占比 /%
(0，0.5]	42	5.42	0.32	0.16	50.00
(0.5，5]	76	9.81	2.33	0.91	60.00
(5，10]	55	7.10	9.26	7.66	17.28
(10，∞)	93	12.00	54.23	27.98	48.40

简单验证一下后续研究中的基本假定。表 4-7 数据统计结果显示，农村金融市场中农户确实面临着信贷约束。将有农业信贷需求的农户分组，受信贷约束组农户的整体资产水平低于未受信贷约束组。

表 4-7 受信贷约束和未受约束的特征差异　　单位：万元

具体指标类型	未受信贷约束	受信贷约束
生产性固定资产原值	30.29	12.72
家庭总收入	81.60	60.93
非农收入	35.07	10.39
金融资产	17.36	8.13
耐用消费品原值	8.98	6.63

　　继续将样本分组。表 4-8 数据统计结果显示，信贷约束异质性下的两组农户，户均耕地和稻田面积并未有明显差异；转入稻田面积有显著差异，受信贷约束组农户的户均转入稻田面积较未受信贷约束组低约 100 亩。

表 4-8 信贷约束与农地流转统计　　单位：亩

具体指标类型	未受信贷约束	受信贷约束
户均耕地面积	6.89	9.34
户均稻田面积	6.61	9.24
转入稻田面积	331.17	235.95

　　基于上述描述统计，将信贷约束与农地经营规模分布关系做描述统计如图 4-2 所示。图 4-2 中样本描述统计结果显示，未受信贷约束和受信贷约束农户农地规模分布存在差异。总体来说，受信贷约束农户组 100 亩以下农地规模的农户占比低于未受信贷约束组，即信贷约束可能抑制了对小规模农户向大规模农户的转变。而占比差异最大的规模分布表现为，受信贷约束组 30 ～ 50 亩农地规模的农户占比显著高于未受信贷约束组；而100 亩以上的农户占比显著低于未受约束组。因此，信贷约束的存在确实

可能制约农户农地经营规模的扩张。

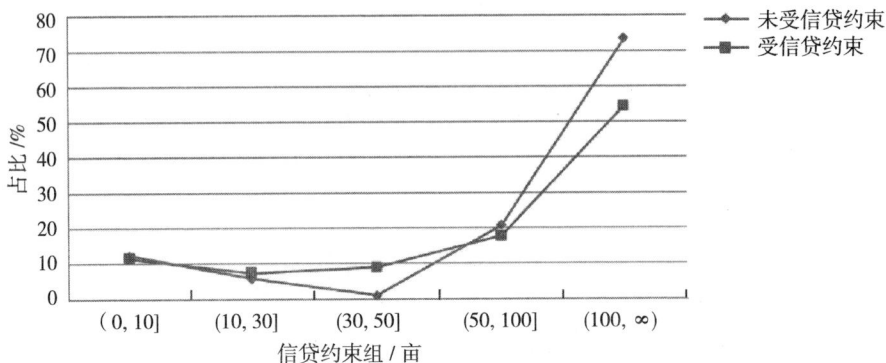

图 4-2　信贷约束与农户农地经营规模分布的关系

第三节　本章小结

农村地区农地流转的快速推进，农户农业生产经营方式多元化且在经营规模上出现异质性，引致农户正规信贷需求发生结构性变动，传统的正规信贷产品供给不再与需求相匹配。针对农业经营方式的转变，国家相继出台了与之相配套的农村金融政策，以满足农户农业生产经营的信贷需求。然而，从样本数据统计来看，目前的正规信贷供给与需求约束程度达50%，且并非我们经验所想小规模农户面临着较为严重的信贷约束问题。由此，农村地区农户普遍面临着信贷约束的基本假定成立。在接下来的一章中，本书关注在农业生产经营过程中，信贷约束究竟会对农户各要素投入决策产生怎样的影响。

第五章 信贷约束对农户要素
投入决策的影响分析

基于上一章的样本描述性统计得知，我国农户依然面临着普遍的信贷约束。以此为研究的基本假定，本书接下来研究的核心问题是：在农业生产经营方式转变分化过程中，信贷约束的存在对农户农业规模经营的要素投入决策产生了什么影响？相较未受信贷约束农户，受信贷约束农户的要素投入差异在哪里？具体地，其是否制约了农户的农地流入规模决策，是否也降低了农户生产其他要素的资金投入？本章将以水稻种植农户样本为研究对象对以上问题进行揭示与探讨。

第一节 农户要素投入决策的统计性描述

表 5-1 数据统计描述显示，无信贷需求农户的户均经营耕地面积只有 80.37 亩，远小于有名义信贷需求农户的户均农地规模。有名义信贷需求农户中，未受信贷约束农户户均经营农地规模为 518.47 亩，受信贷约束

农户户均经营农地规模为 304.73 亩，受信贷约束农户的平均农地规模比未受约束农户少 213.74 亩。因此，潜在的信贷需求有利于促进农户实现其农业规模的扩张。

表 5-1　信贷约束与农地流入规模的描述统计[1]

具体指标类型	名义信贷需求		无信贷需求
	未受信贷约束	受信贷约束	
农户数量 / 户	130	136	509
农地规模 / 亩	518.47	304.73	80.37

表 5-2 数据统计结果显示，100 亩以下各农地规模段，受信贷约束农户的平均农机固定投资水平低于未受信贷农户，即信贷约束降低了 100 亩以下农户的农机固定投资水平，投资水平较低；而 100～300 亩中各规模段，受信贷约束农户的农机固定投资水平明显高于未受信贷约束农户；当农地规模达到 300 亩以上时，未受信贷约束农户对农机投资水平瞬间增加了 20 多万，受信贷约束农户的农机固定投资水平显著低于未受信贷约束农户。因此，本书认为信贷约束的存在总体上降低了农户的农机固定投资水平。100～300 亩规模组中，受信贷约束农户进行了更多的农机固定投资可能与社会化服务供需有关，从而增加了受信贷约束组农户的家庭收入。

[1]　调研样本为水稻种植农户，其名义信贷需求未达到农户总数的一半，主要因为样本为水稻种植户，其信贷需求活跃度低于养殖类或者经济类等作物。

表 5-2　信贷约束与农机固定投资的描述统计

按农地规模分组 / 亩	农机固定投资水平 / 万元	
	不受信贷约束	受信贷约束
（0，10]	1.41	0.71
（10，30]	2.60	0.72
（30，50]	1.53	1.29
（50，100]	4.30	3.37
（100，200]	5.72	13.41
（200，300]	7.31	17.04
（300，∞）	26.57	15.38

表 5-3 数据统计结果显示，当农户面临信贷约束时一般会有以下应对行为：直接减少资金投入、挪用其他用途资金和再次进行借贷。受信贷约束农户中，有 32 户农户选择直接减少资金投入，其余 91 户均利用其他资金周转或再次借贷。因此，农户受到信贷约束后，一方面会减少生产要素的资金投入；另一方面则会增加要素投资的资金成本。

表 5-3　信贷约束下农户的应对行为分析

具体指标类型	直接减少资金投入	挪用其他用途资金	再次进行借贷
农户数 / 户	32	26	65
占比 /%	26.02	21.14	52.85

进一步对农户水稻生产的其他要素投资水平进行分析。将农户的要素投资水平细分为亩均现金支出和每亩生产总支出。表 5-4 中亩均现金支出列结果显示，除 10 亩以下规模段，其余受约束农户亩均现金成本均不高于未受约束农户，即信贷约束的存在可能会显著制约农户的亩均现金支

出；亩均生产支出列结果显示，在规模达到 50 亩之后，受信贷约束农户的亩均生产成本均低于未受信贷约束农户，即不同于信贷约束对亩均现金支出的影响，亩均生产成本中，农户可以依靠自身的家庭用工投入弥补流动性约束下的雇工投入约束，但在规模上升到 100 亩之后，这种互补效应显著降低。

表 5-4 信贷约束与其他要素投资水平的描述统计

按农地规模分组/亩	亩均现金支出/（元·亩⁻¹）		亩均生产支出/（元·亩⁻¹）	
	未受信贷约束	受信贷约束	未受信贷约束	受信贷约束
（0，10]	346	351	1251	937
（10，30]	423	339	844	884
（30，50]	467	467	772	860
（50，100]	487	355	868	708
（100，200]	473	432	1070	975
（200，300]	578	507	1270	1116
（300，∞）	535	478	1285	1114

　　将农户水稻生产的要素投入进行细分，并以农地规模作横坐标以描述统计，对比分析信贷约束异质下组间各要素投资水平差异。图 5-1 中描述统计结果显示，比较信贷约束异质的组间要素生产支出差异可以发现这样的规律：就农资支出来说，未受信贷约束组随着农户农地规模的增加，农资支出投入呈现先降低后增加趋势；受信贷约束组农资支出则呈现降低后小幅波动趋势。就雇工支出来说，两组农户均出现突然增加趋势，但受约束组支出数额低于未受约束组。就家庭用工来说，未受信贷约束组家庭用工支出随规模的增加出现了突然降低，而受信贷约束组家庭用工支出随规模增加降低趋势较平缓。两组的农地租金均随规模的增加先降低后增加，且未受信贷约束组的农户地租支出均高于受信贷约束组农户。就农机服务和灌溉支出来说，两组农户均没有呈现出随规模增加的明显变化趋势。

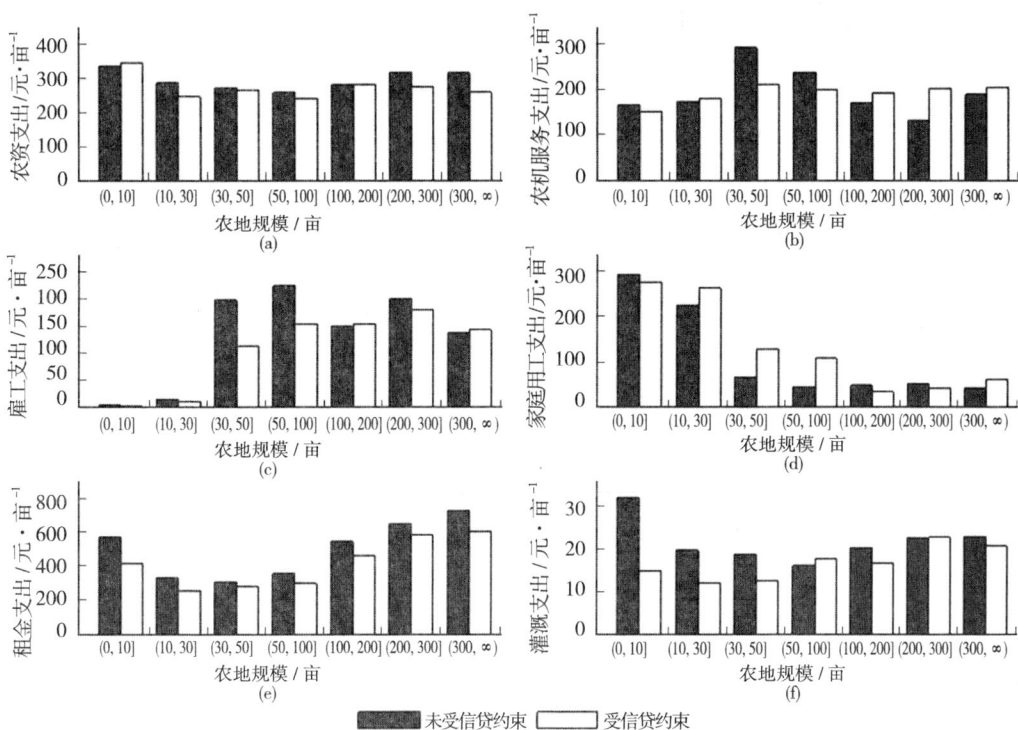

图 5-1　信贷约束与不同类别要素投入水平的关系分析

通过以上描述性统计分析，初步了解了信贷约束对农户农业规模经营要素投入决策的影响，接下来本书将通过实证分析对假说进行进一步验证。首先检验信贷约束对农户农地流入规模决策的影响；其次分析信贷约束是否会影响农户其他要素资金投入，并对比规模异质下的影响差异。

第二节　农地规模流入决策的实证分析

本节的实证分析由三部分构成：模型与变量设定、变量描述与统计、实证结果分析。实证模型运用了受限 Tobit 模型和工具变量方法，并对假说一一进行验证。

一、模型与变量设定

本章第一部分实证内容将运用受限 Tobit 模型。具体形式如下：

$$Y_i = \beta_1 K_i + \beta_2 X_i + \beta_3 D_i + \varepsilon_i \qquad (5-1)$$

式中，Y_i 代表农户农地流入规模；K_i 分别代表第 i 个农户的信贷约束状况 creditcons（是否受到信贷约束）和 consex（受信贷约束程度），其中，creditcons 定义为受需求方或供给方约束的农户，consex 是对"是否受到信贷约束"指标的进一步细化。具体计算公式为：（1– 实际申请信贷规模 / 潜在需求信贷规模）（1– 实际获得信贷规模 / 实际申请信贷规模），潜在信贷需求、实际信贷申请和实际信贷获得分别为表征农户信贷状况的三个层次指标。首先农户需要有潜在的信贷需求，才能有实际的信贷申请，然后获得信贷。另外，未通过最倾向渠道进行融资的农户，即存在信贷约束。consex 的取值为落于 0 ~ 1 区间内的连续值；X_i 代表一系列农户个人特征和家庭特征；D_i 为地区虚拟变量。

考虑到农户是否受信贷约束与农地流入规模可能存在内生性问题，而受限 Tobit 模型不能解决解释变量（自变量）与被解释变量（因变量）的内生性问题。为解决内生性问题，本书基于已有研究在受限 Tobit 模型的基础上进一步采用工具变量方法。这个工具变量必须是一个和农户流入农地规模没有任何直接关系，但显著影响农户信贷约束的外生变量。利用工具变量剥离内生变量的内生部分，从而得到对被解释变量的无偏估计值。具体模型如下：

$$Y_i=\beta_1 creditcons_i+\beta_2 X_i+\beta_3 D_i+\varepsilon_i \tag{5-2}$$

$$creditcons_i = \alpha_0 + \alpha_1 Z_i + \alpha_2 X_i + \alpha_3 D_i + \eta_i \tag{5-3}$$

其中，Z_i 代表是否受信贷约束变量的工具变量，借鉴已有研究选取"是否有亲朋在政府部门工作或做生意"为"是否受到信贷约束"的工具变量，式（5-2）不应包含内生解释变量 $creditcons_i$，而纳入了外生工具变量 Z_i。

控制变量的选取主要基于下述理论，个人禀赋包括户主年龄、受教育程度、身体健康程度和是否受农业技能培训。年纪较小的农户越容易学习新品种的种养技术并采纳，这有利于规模农业生产与经营。另外，流入农地规模越大，遇到歉收年份，受损失的概率也越大，年纪较轻农户更愿意冒风险并承担风险，从而越倾向增加农地流入规模。受教育程度越高的农户则倾向增加农地流入规模，身体健康程度越差的农户难以兼顾到较大规模的农业生产，因此倾向选择较小的农地流入规模。农业技能培训能帮助农户增加种植知识，有利于其更专业化经营规模农地，因此农业技能有利于农户。家庭禀赋指家庭农业劳动力人口和家庭资产水平。家庭农业劳动力人口越多，可用于分配在农业生产上的劳动力越多，农户越倾向增加农地流入规模。家庭资产水平越高，有利于农户缓解现金流约束，从而促进农户流入更多规模农地。农业禀赋包括地块面积、预期产量和农地价格。理论上，地块面积大小反映了当地的耕地状况，间接影响进行规模种植的成本抑或产出，农户拥有农地的细碎化程度越高，其流入农地规模越小。农地价格越高的地方表明农地要素成本越高，会降低农户农业规模经营的总利润，因此，农地价格越高促使农户减少流入农地规模。

二、变量描述与统计

上文模型中的各变量定义与描述统计见表 5–5。

表 5–5　变量名称、定义与描述统计（一）

变量类型	变量名称		定义	均值	标准差
	英文名称	中文名称			
被解释变量	landscale	农地流入规模	农户实际转入农地的面积	175.73	493.23
主要解释变量	creditcons	是否受信贷约束	受到信贷约束 =1，未受到信贷约束 =0	0.16	0.37
	consex	信贷约束程度	（1– 申请信贷规模 / 潜在需求规模）（1– 实际获得规模 / 申请信贷规模）	0.19	0.38
工具变量	Z	社会关系	是否有亲朋在政府部门工作或做生意	0.58	0.49
控制变量	X	年龄	户主年龄 / 岁	47.38	6.31
		受教育程度	户主上学年数 / 年	9.22	2.49
		健康状况	好 =2，一般 =1，体弱 =0	1.85	0.36
		农业技能	受过培训 =1，未受过 =0	0.46	0.50
		农业劳动力	农业劳动力人口数 / 人	1.97	0.68
		家庭自有资本	家庭金融资产包括现金、存款、理财和股份 / 万元	13.69	182.75
		潜在信贷需求	农户是否有外部融资需求	0.30	0.46
		地块面积	总耕地面积 / 地块数量 / 亩·块$^{-1}$	48.19	137.89
		农地租金	租地单位价格 / 元·亩$^{-1}$	500.71	296.40
	distinct	地区变量	江苏 =1，非江苏 =0	0.38	0.49

三、实证结果分析

本小节首先在不考虑内生性情况下，用受限 Tobit 模型回归检验变量

"是否受到信贷约束"对农户农地流入规模决策的影响。

表5-6中模型①回归结果均显示，核心变量是否受到信贷约束显著影响农户的农地流入规模决策。具体地，信贷约束显著抑制农户的农地流入规模，受信贷约束的农户流入规模均值比未受信贷约束农户低367亩。其他显著自变量的回归系数在作用方向上与预期判断基本一致，年龄对农户农地流入规模有显著负向影响，农业技能、平均地块面积和农地租金均对农户农地流入规模有显著正向影响，即农户年纪越轻、受到农业技能培训、越完整的土地和农地租金越低越倾向流入更大的农地规模。

表5-6　信贷约束对农户农地流入规模影响分析

自变量	信贷约束对农地流入规模的模型回归		
	①	②	③
是否受信贷约束	−149.9929*	−263.8930	−
信贷约束程度	−	−	−106.2756
农户年龄	−7.1851**	−5.2258**	−7.6391**
受教育程度	−3.0842	−3.4785	2.4548
健康状况	121.6902*	86.3746*	186.7352*
农业技能	83.2290*	55.1505	124.7344
农业劳动力数	6.4262	19.0776	−32.6149
家庭自有资本	3.5031***	2.8884***	4.9825***
潜在信贷需求	366.7449***	772.1772**	356.9139***
地块面积	0.8654***	0.8218***	1.0439***
农地租金	−0.2720***	−0.2530***	−0.1947
地区变量	−153.8792**	−259.3287**	−228.3336**
截距项	56.6764	58.8889	−97.1719
LR χ^2（12）	135.5800	107.5500	109.3200
Prob>χ^2（12）	0.0000	0.0000	0.0000

续表

自变量	信贷约束对农地流入规模的模型回归		
	①	②	③
对数似然值	−3553.9300	−3642.4900	−2733.4600
Pseudo R^2	0.0187	—	0.0196
观测数值	775		

注：①为 Tobit 模型回归，核心自变量是否受信贷约束；②为含内生解释变量的 Tobit 模型回归，核心自变量是否受信贷约束；③为 Tobit 模型回归，核心自变量受信贷约束程度；***、** 和 * 分别表示估计系数在 1%、5% 和 10% 的水平上通过了显著性检验。

接下来，为了处理内生性偏误，本小节采用"是否有亲朋在政府部门工作"作为工具变量，用 Tobit-IV 模型回归评估信贷约束对农户农地流入规模的影响效应。这里选择上述工具变量的依据在于：一方面，该工具变量是一种社会资本充裕程度的反映，对农户的信贷可获性可产生正向影响，有利于提高农户的信贷可得性；另一方面，它们也不直接影响农户的农地流转决策，能够较好地满足工具变量的要求。

首先对工具变量做变量相关性检验。表 5-7 数据内容显示，工具变量"是否有亲朋在政府部门工作"与主要解释变量"是否受到信贷约束"有显著正相关关系，与被解释变量没有显著正相关关系。表 5-6 中模型②回归结果显示，使用工具变量处理内生性后，是否受信贷约束对农户农地流入规模的影响为负但并不显著，且回归结果中 F 统计量为 11.34（超过 10），而 F 统计量的 p 值为 0.0000。

最后，为了更加科学地反映信贷约束对农户农地流入规模决策的影响，本书继续用受限 Tobit 模型回归检验变量"信贷约束程度"对农户农地流入规模决策的影响。表 5-6 中模型③回归结果显示，核心变量信贷约束程度对农户的农地流入规模决策影响不显著。具体地，信贷约束程度与农户流入的农地规模负相关但并不显著，考虑到信贷规模大小对农地流入规模具有更为直接的影响，信贷约束程度不能表征信贷规模缺口的大小，亦不能反映信贷成本的高低。因此，信贷约束程度对农户农地流入规模决策的影响应建立在信贷规模一定的情况下。其他显著自变量的回归系数在作用方向上与预期判断基本一致，年龄对农户农地流入规模有显著负向影响，农业技能、平均地块面积和农地租金均对农户农地流入规模有显著正向影响，即农户年纪越轻、受到农业技能培训、越完整的土地和农地租金越低越倾向流入更大的农地规模。

表 5-7　信贷约束对农户农地流入规模影响分析

自变量	农地流入规模	是否受信贷约束	是否有亲朋在政府
农地流入规模	1.0000	–	–
是否受到信贷约束	0.1125***	1.0000	–
是否有亲朋在政府部门工作	0.0863	0.0631**	1.0000

注：***、** 和 * 分别表示估计系数在1%、5%和10%的水平上通过了显著性检验。

第三节　其他要素投资决策的实证分析

本节的实证分析由三部分构成：模型与变量设定、变量描述与统计和实证结果分析。其中，模型设定使用了 OLS 回归模型验证假说二，实证结果补充了农户对实物融资的使用数据，为后文的研究起到了铺垫作用。

一、模型与变量设定

为了适于本书的研究，需要对水稻生产要素投入数据做一些处理。水稻生产的成本主要包含：农资（种子、农药和化肥）成本、农机服务（机耕、机灌、植保和机收）成本、雇工成本、家庭用工成本和农地成本。

其中，家庭有购置农机的，其农机服务费用按照当地的农机服务费用计算。

家庭用工成本即家庭用工折价。根据《2014年各地区早籼稻费用和用工情况》《2014年各地区中籼稻费用和用工情况》《2014年各地区晚籼稻费用和用工情况》中劳动日工价乘以家庭劳动力用工量折算出每亩家庭用工成本。

租地成本即地租。对于未流入农地的小农户来说，其农地成本按照所在地区的农地流入平均价格折算。

另外，本书的要素投入借鉴已有研究分别以现金成本和生产成本计算：现金成本包括农资成本、农机服务成本和雇工成本；生产成本包括农资成本、农机服务成本、雇工成本、家庭用工成本和农地成本。那么在本小节中，两类成本分别为现金支出和生产支出。

本小节实证内容将运用 OLS 多元回归模型。以水稻种植农户为样本，分析信贷约束对农户其他要素投入资金的影响。具体模型如下：

$$input_i = \alpha_0 + \alpha_1 creditcons_i + \alpha_2 X_i + \alpha_3 D_i + \mu_i \qquad (5-6)$$

式中，$input_i$ 分别表示第 i 个农户水稻生产的 $unitAC$（单位农地现金支出）和 $unitTC$（单位农地生产支出）[1]；$creditcons_i$ 为核心解释变量信贷约束（与前文一致）；X_i 代表一系列农业经营决策者的个人禀赋、家庭禀赋和一些农业生产特征，其中，个人禀赋包含性别、年龄、受教育程度和身体健康状况，家庭禀赋包括农业劳动力数和自有资本水平；D_i 为地区控制变量，即对县市设置了不同的虚拟变量值，以控制地区因素对农户农业生产规模经营的影响；μ_i 为随机扰动项。

二、变量描述与统计

上文模型中有关变量的具体含义和描述统计见表 5-8。

---

[1]　单位农地现金支出 =（农资与农机服务费用 + 雇工费用）/ 农地面积；单位农地生产支出 =（农资与农机服务费用 + 人工成本 + 土地成本）/ 农地面积。其中，使用自有农机而未购买农机社会化服务的农户家庭，其农机服务费用分别用该地区大农户和小农户的评价服务价格替代。

表 5-8　变量名称、定义与描述统计（二）

变量类型	变量名称		定义	均值	标准差
	英文名称	中文名称			
被解释变量	unitAC	每亩现金支出	每亩要素投入现金成本	506.61	284.82
	unitTC	每亩生产支出	每亩要素投入生产成本	1094.18	508.94
主要解释变量	creditcons	是否受信贷约束	受到信贷约束 =1，未受到信贷约束 =0	0.16	0.37
控制变量	X	年龄	户主年龄 / 岁	50.88	8.63
		受教育程度	户主上学年数 / 年	8.58	2.49
		健康状况	好 =2，一般 =1，体弱 =0	1.85	0.36
		农业技能	受过培训 =1，未受过 =0	0.46	0.50
		农业劳动力数	农业劳动力人口数 / 人	1.97	0.68
		自有资本	家庭金融资产包括现金、存款、理财和股份 / 万元	9.00	32.65
		地块面积	总耕地面积/地块数量/亩·块$^{-1}$	62.59	32.65
		农地租金	租一亩地的成本 / 元·亩$^{-1}$	467.44	328.96
	distinct	地区变量	江苏 =1，非江苏 =0	0.38	0.49

三、实证结果分析

进一步对农户水稻种植的其他要素投入作实证分析，表 5-9 为农户水稻生产单位农地上要素投入资金的回归结果。全样本、小农户和大农户样本的回归结果均显示，信贷约束对农户的要素投入现金支出没有显著影响，对其生产支出的影响也不显著，均为负。即信贷约束不会显著降低农户的亩均要素投资，与已有研究结论一致。另外，农业技能可以帮助农户减少现金支出，较健康农业决策者会增加农户的现金支出；家庭农业人口可以减少农户的资金支出，这在小农户样本中得以体现；而在大农户样本中，除了农业技能和健康状况这两个因素，较大的平均地块面积有利于大农户降低生产支出。

表 5-9　信贷约束对农户要素投入决策的影响分析

自变量	亩均现金支出 / 元·亩$^{-1}$			亩均生产支出 / 元·亩$^{-1}$		
	全样本	小农户	大农户	全样本	小农户	大农户
信贷约束	−1.2906	−266.0587	−17.5536	−30.4466	−45.2355	−2.1271
农户年龄	−0.3483	0.1774	0.9828	2.6370	12.8917	−0.2820
受教育程度	0.5919	10.8612	−0.8634	−0.0241	51.9294	−7.7882
健康状况	87.4871**	30.2255	88.6852**	−51.5050	−440.4694	85.6204*
农业技能	−52.5961**	−55.8513	−61.4791**	70.9796	496.7136	−7.1133
农业劳动力	−15.2452	−91.0903*	−3.6088	−44.7757	−27.6247	−31.0537
自有资本	0.3660	1.5285	0.2967	2.0103	−13.1896	1.9936
地块面积	−0.0705	0.3376	−0.0733	−0.1869	−3.91851	−0.1724*
农地租金	0.0906*	−0.3541*	0.1142**	0.7736***	1.2268	0.7622***
地区变量	67.3589**	324.3691***	41.5161	284.2426***	97.0433	358.6898***
截距项	337.1735***	497.3639*	277.0345*	669.4881***	514.9372	602.038***
R^2	0.0480	0.3050	0.0466	0.2700	0.1315	0.5299
观测数值	775	276	499	775	276	499

注：***、** 和 * 分别表示估计系数在 1%、5% 和 10% 的水平上通过了显著性检验。

在这里对信贷约束未显著降低农户其他要素的现金支出和生产支出做一定解释。一是农户通过自身资本积累或其他外部融资渠道获取购买要素资金，使要素投资达到最优化水平；二是农户通过商业信用的要素购买形式使要素投入最优化；三是农户通过家庭用工的增加缓解流动性约束对要素投入资金的影响，当然这只能在一定农地规模范围内有效，超出这一范围，家庭用工也无法弥补约束导致雇工量的减少造成的损失。第一和第二个因素可以通过前文的样本统计描述看出，第三个因素则可以通过样本农户的数据统计结果得到验证，见表 5-10。统计对有信贷需求的样本农户进行数据统计，受信贷约束组农户发生实物融资的比例高出未受信贷约束组 10 个百分点以上。因此，信贷约束对农户的其他要素资金支出和生产支出未产生显著的负效应。

表 5-10　信贷约束与农户实物融资的发生率

具体指标类型	未受信贷约束	受信贷约束
农户数量 / 户	109	121
发生实物融资户数占比 /%	29.79	38.89

第四节　本章小结

基于农户面临着信贷约束的基本假定，本章就信贷约束对农户农业规模经营的要素投入决策的影响做了定性和定量评估。实证研究表明：信贷约束对农户农地流入规模具有负效应，具体表现为受信贷约束农户平均流入农地规模小于未受信贷约束农户，差值为 177 亩。因此，信贷约束对农户的农地流入规模产生了明显的负效应，那么，对于同一地区的农户来说，农作物种植规模的抑制就间接降低了家庭收入水平。

理论上，未受信贷约束农户是因为其达到了利润最大化生产投入水平，而受信贷约束的农户的农业生产并不能达到利润最大化的最优要素投入点。本章的实证分析结果显示，信贷约束并没有显著降低农户农业生产其他要素的资金投入。究其原因，可能是信贷约束会对农户其他要素资金投入产生如下的影响机制：一是农户通过自身资本积累或其他外部融资渠道获取购买要素资金，使要素投资达到最优化水平；二是农户通过商业信用的要素购买形式使要素投入最优化；三是家庭用工的增加缓解流动性约束对要素投入资金的影响。因此，信贷约束并没有显著减少农户的要素投资水平。那么这是否意味着水稻生产的单位产量得到维持？我们将带着这个问题在下一章中从绩效视角进一步探讨信贷约束对农户农业规模经营绩效的影响。

第六章 信贷约束对农户农业规模经营绩效的影响分析

　　信贷约束的存在会显著降低农户经营的农地规模，同时会制约100亩以上农户的农业机械固定投资，但并没有显著降低农户的农地规模不可变时其他要素的资金投入。那么，这是否意味着农地经营规模可确定情况下，农户能够兼顾控制成本和产量？提高农地生产率的首要目标在于保障粮食安全，而实现规模经济的目标在于进一步降低粮食生产成本，降低农产品价格倒挂，增强国际竞争力，同时对促进农民收入增长也具有积极意义。因此，本章基于上一章中信贷约束对要素投入决策的影响研究，进一步以农地生产率和规模经济两个绩效指标来探究信贷约束的存在对农户农业规模经营绩效目标实现的影响。

第一节　农户规模经营绩效的样本统计性描述

将农户按信贷约束异质性划分并以不同规模段农地生产率进行统计描述。表 6-1 中数据统计结果显示，在 10 亩以下规模段的农户，受信贷约束农户的农地生产率显著低于未受信贷约束农户，而在 200 亩以上规模段的农户，受信贷约束农户的农地生产率略高于未受信贷约束农户。未受到信贷约束农户的农地生产率与农地规模之间的关系类似 U 型，而受信贷约束农户的农地生产率与农地规模之间没有显著的相互关系。从样本的描述统计数据可以知道，信贷约束的存在并没有显著降低农户的农地生产率。

表 6-1　信贷约束、农地规模与农地生产率的交叉分析

按农地规模分组 / 亩	农地生产率 / 斤·亩$^{-1}$	
	未受信贷约束	受信贷约束
（0，10]	1015	910
（10，30]	947	975
（30，50]	897	909
（50，100]	988	917
（100，200]	996	969
（200，300]	1021	1034
（300，∞）	1018	1038

注：1 斤 =500 克。

接下来，对农户农业规模经营的规模经济指标进行统计描述。表 6-2 中数据统计结果显示，首先，受信贷约束农户的单位产品现金成本与生产成本均未必高于不受信贷约束的农户。考虑到有部分农户的信贷需求源于

扩大规模，而信贷约束导致其未能有效扩大其农地规模，但在原有规模上达到了利润最大化的最优生产点。因此，对比未受信贷约束和受信贷约束农户的单位产品成本，并不能看出信贷约束的存在对单位产品成本的影响。其次，对于不受信贷约束的农户，其单位产品现金成本和农地规模之间没有显著的规模经济，特别地，在到达50亩规模后，现金成本趋于稳定；而单位产品生产成本和农地规模之间除50～100亩规模段异常值外，基本呈U型，即随着农地规模的增加，农户的农业规模经营由规模经济向规模不经济发生转变；对于受信贷约束的农户，处于不同规模段的单位产品现金成本没有形成明显的规模经济，单位产品生产成本亦没有形成明显的规模经济，且二者的波动均较为显著。最后，现金成本的数据结果显示，受信贷约束组成本均值围绕未受信贷约束组上下波动；而生产成本的数据结果中，受信贷约束组成本均值普遍低于未受信贷约束组，接下来本节以信贷约束异质性和单位产品生产成本的细分差异做一定解释。

表6-2 信贷约束、农地规模与单位产品成本的交叉分析

按农地规模分组/亩	单位产品现金成本/元·斤$^{-1}$		单位产品生产成本/元·斤$^{-1}$	
	未受信贷约束	受信贷约束	未受信贷约束	受信贷约束
（0，10]	0.44	0.49	1.21	0.94
（10，30]	0.49	0.39	0.98	0.79
（30，50]	0.60	0.67	1.04	1.09
（50，100]	0.54	0.50	0.94	0.89
（100，200]	0.53	0.58	1.14	1.05
（200，300]	0.55	0.57	1.22	1.24
（300，∞）	0.53	0.49	1.43	1.11

　　将农户水稻生产的单位产品要素成本进行细分并作描述统计。图 6-1 中描述统计结果显示，对于未受信贷约束组农户，随着农地规模的扩大，农资、租金和灌溉的单位产品成本均呈现出降低趋势，当达到一定规模值后开始增加。农机服务随农地规模变化趋势并不显著，可能由于一开始农地规模的扩大增加了农户的农机服务需求，达到一定规模后，农机服务成本开始降低。劳动力投入方面，雇工成本在农地规模达到 30～50 亩时突然增加，家庭用工成本则突然降低，说明农地生产扩大到一定规模后，家庭劳动力无法满足生产投入需要；对于受信贷约束组农户，除了农地租金成本外，其农资、灌溉和农机服务单位产品成本均没有随农地规模变化出现明显的下降趋势。而在劳动力投入方面，雇工成本同样在农地规模达到 30～50 亩时突然增加，但增长幅度低于未受信贷约束组农户。同时，家庭用工成本也出现突然降低，且降低幅度也低于未受信贷约束组，说明信贷约束的存在降低了农户在劳动力配置上雇工替代家庭用工的效率，不过，当农地规模进一步扩张至 100 亩后，二者的差异并不显著。因此，信贷约束的存在降低了小农户向大农户转变过程中的劳动力资源配置效率。

　　另外，农业规模经营的发展依赖于农业人口的转移所形成集中的土地流转，这就导致拥有大片规模农地的地区往往经济发展水平较高进而形成了较高的租地成本，因此大规模的农地经营意味着更高的地租成本；未受信贷约束组的整体租金水平较高也代表了在更优的金融发展水平下，农业规模经营面临着较高的租地成本，这也是我国农产品生产成本高居不下的重要原因。因此，在家庭联产承包责任制基础之上，发展农业产业链、发挥规模经营优势是未来规模农业的可能发展方向。这并不妨碍本书将信贷约束对其他要素投资水平的影响效应作组间对比。

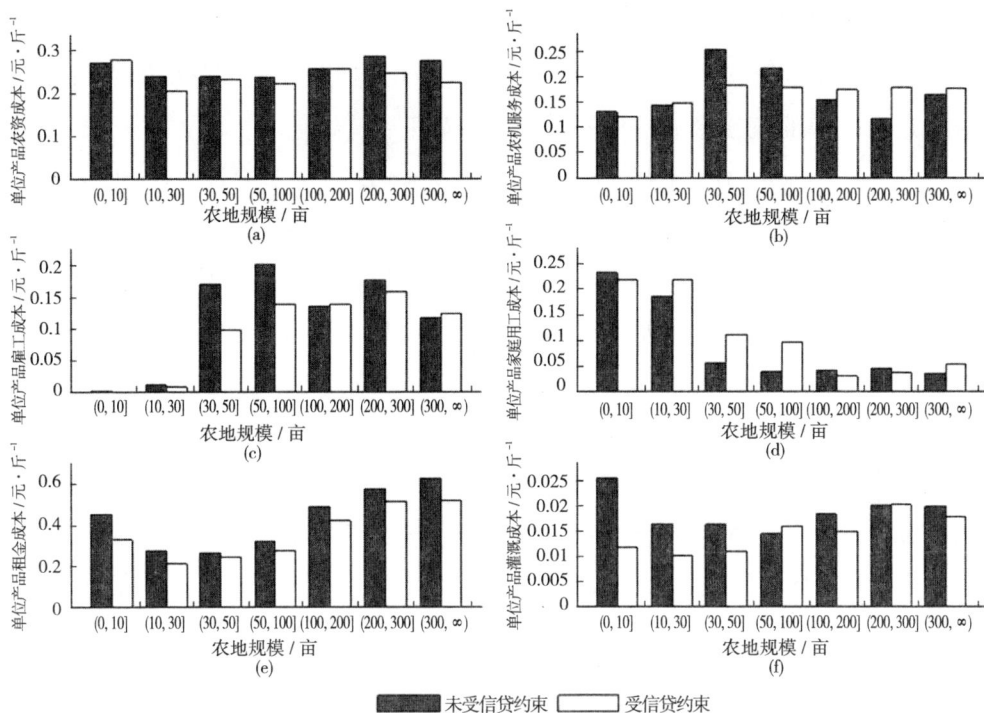

图 6-1 信贷约束、农地规模与不同类别要素投资水平关系的交叉分析

第二节 信贷约束对规模经营绩效影响的实证分析

本节的实证分析由三部分构成：模型与变量设定、变量描述与统计和实证结果分析。实证检验将继续以水稻种植农户为样本，运用 OLS 回归模型检验假说三和假说四。

一、模型与变量设定

首先，分析信贷约束对农户农地生产率的直接影响效应，然后基于信贷约束的异质性，分析信贷约束对农地生产率和规模经济的间接影响效应。

（一）信贷约束的直接影响效应

信贷约束的直接影响效应实证分析运用 OLS 回归模型。分析信贷约束对农地生产率的直接影响效应的具体模型如下：

$$unitAP_i=\alpha_0+\alpha_1 creditcons_i+\alpha_2 X_i+\alpha_3 D_i+\mu_i \qquad (6-1)$$

式中，$unitAP_i$ 为农户 i 种植水稻作物的单位产量，它是农地规模、农户禀赋、家庭禀赋和地区变量的函数；$creditcons_i$ 为农地经营面积；X_i 主要包括户主个人特征变量（年龄、受教育成本、健康程度和农业技能），家庭特征变量（家庭农业劳动力人口和非农收入），生产特征变量（稻作选择）；D_i 为地区控制变量，即对调研省份设置了不同的虚拟变量值，以控制地区因素对农户农业生产规模经营的影响；μ_i 为随机扰动项；α_1 代表信贷约束的存在对农地生产率的直接影响，α_1 为正代表信贷约束的存在增加了农地生产率，α_1 为负代表信贷约束的存在降低了农地生产率；α_0 表示截距项；α_2 和 α_3 表示控制变量的回归系数。

（二）信贷约束的间接影响效应

信贷约束的间接影响效应实证分析运用内生转换模型。第一阶段使用 Probit 模型来估计影响农户是否受到信贷约束的因素。首先，需要确定农户是否受到了信贷约束。在现实生活中，由于金融管制、逆向选择和市场垄断等原因，即使调整利率水平，信贷市场往往也达不到均衡，即使有的农户愿意以更高的利率借款，他们的需求依然得不到满足，此时，就出现了信贷约束。当农户 i 受到信贷约束时，令其超越信贷需求的状况由隐含变量 B^* 表示，B^* 是非可观测变量，反映借款者需要更多的贷款或者想借贷却无法贷到款。非观测变量 B^* 可以表示为

$$B^*=L^D(K, M, \varepsilon_D)-L^S(K, M, \varepsilon_S) \qquad (6-2)$$

式中，$L^D(K, M, \varepsilon_D)$ 代表农户的名义贷款需求量；$L^S(K, M, \varepsilon_S)$ 代表金融机构的贷款供给量；K 代表农户拥有的资本；M 代表农户的禀赋特征；ε 为不可观测的潜在特征。由于 B^* 不可以直接观测到，因此，可以将信贷约束定义为一个虚拟变量：当 $B^*>0$（受到信贷约束）时，$B^*=1$；$B_i \leq 0$（未

受到信贷约束）时，$B_i=0$。

模型第一阶段关心的是农户的特征中哪些因素影响出现 $B^*>0$ 的概率。定义 Z_i 代表解释变量，包含农户拥有的资本和资源禀赋特征，如资产状况及受教育年限、耕地面积、收入支出情况等。如果以 B_i 观测 B^*，假定 B^* 是农户拥有的资本和资源禀赋特征的函数，则

$$B^*=\gamma'Z_i+\mu_i \qquad (6-3)$$

式中，γ' 为估计系数；μ_i 为随机误差项。

第二阶段是使用转换回归模型框架分析信贷约束异质性下，农地规模与农业经营绩效的关系。农户的期望投入和产出分别为 $E(y_i^n|B_i=0)$ （未受到信贷约束的农户）和 $E(y_i^c|B_i=1)$ （受到信贷约束的农户）。其具体模型为

$$y_i^n=\beta'^nX_i+\delta^nL_i^S+\upsilon_i^n，\gamma'Z_i+\mu_i\leqslant 0 \qquad (6-4)$$

$$y_i^c=\beta'^cX_i+\delta^cL_i^S+\upsilon_i^c，\gamma'Z_i+\mu_i>0 \qquad (6-5)$$

实证分析第一阶段为农户受信贷约束的影响因素分析，具体模型如下：

$$creditcons=f(personal,family,D,e) \qquad (6-6)$$

式中，$creditcons$ 为农户是否受到信贷约束（与前文一致）；$personal$ 代表户主的个人特征变量，包含性别、年龄、受教育程度和身体健康状况；$family$ 代表家庭特征变量，包含家庭资产总额和非农收入变量；D 为地区控制变量，即对县市设置了不同的虚拟变量值，以控制地区因素对农户农业生产规模经营的影响；e 为随机扰动项。

本小节实证分析第二阶段分别分析信贷约束下农地规模与农地生产率和农地规模与单位产品成本的关系，分析农地生产率的具体模型如下：

$$unitAP_i=\alpha_0+\alpha_1\ln ls_i+\alpha_2X_i+\alpha_3D_i+\mu_i \qquad (6-7)$$

式中，$unitAP_i$ 为农户 i 种植水稻作物的单位产量，它是农地规模、农户禀赋、家庭禀赋和地区变量的函数；ls 为农地经营面积；X_i 代表一系列特征变量，主要包括户主个人特征变量（年龄、受教育成本、健康程度和农业技能），家庭特征变量（家庭农业劳动力人口和非农收入），生产特征变量（稻作制度选择和地块面积）；D 为地区控制变量，即对调研省份

设置了不同的虚拟变量值，以控制地区因素对农户农业生产规模经营的影响；μ_i 为随机扰动项；α_1 代表农地规模变动 1% 所带来的单位农地产量的变动，α_1 为正代表规模扩大带来了农地生产率的提高，α_1 为负代表农地生产率的降低；α_0 表示截距项；α_2 和 α_3 表示控制变量的回归系数。

分析规模经济的具体模型如下：

$$PC_i=\beta_0+\beta_1 \ln ls_i+\beta_2 \ln ls_i^2+\beta_3 X_i+\beta_4 D_i+\mu_i \qquad (6-8)$$

式中，PC_i 分别为农户 i 种植水稻作物的 $prodTC_i$（单位产量现金成本）和 $prodAC_i$（单位产量生产成本）[1]，它是农地规模、农户禀赋、家庭禀赋和地区变量的函数；ls 为农地经营面积，根据样本数据描述统计，未受信贷组农户农地规模的扩大可能存在规模经济向规模不经济发生转变，因此在模型中加入 $\ln ls_i^2$ 项细化对比农地规模扩大对单位产品成本的影响差异；X_i 主要包括户主个人特征变量（年龄、受教育成本、健康程度和农业技能），家庭特征变量（家庭农业劳动力人口和非农收入），生产特征变量（稻作制度选择和地块面积）；D 为地区控制变量，即对调研省份设置了不同的虚拟变量值，以控制地区因素对农户农业生产规模经营的影响；μ_i 为随机扰动项；β_1 代表农地规模变动 1% 所带来的单位产品成本的变动金额，β_1 为正代表规模不经济，β_1 为负代表规模经济。

二、变量描述与统计

表 6-3 为上文模型中的各变量定义和描述统计结果。主要解释变量中，信贷约束为直接影响效应回归分析的主要变量，农地规模对数和农地规模对数平方为间接影响效应回归分析的主要解释变量。

---

[1] 单位产品现金成本 =（农资与农机服务费用＋雇工费用）/ 农地面积；单位产品生产成本 =（农资与农机服务费用＋人工成本＋土地成本）/ 农地面积。其中，使用自有农机而未购买农机社会化服务的农户家庭，其农机服务费用分别用该地区大农户和小农户的评价服务价格替代。

表 6-3　变量名称、定义与描述统计（三）

变量类型	变量名称		变量定义	均值	标准差
	英文名称	中文名称			
被解释变量	unitAP	农地生产率	每亩地的水稻产量 / 斤·亩$^{-1}$	990.67	272.20
	prodAC	单位产品现金成本	每斤水稻的现金成本 / 元·斤$^{-1}$	0.49	0.28
	prodTC	单位产品生产成本	每斤水稻的生产成本 / 元·斤$^{-1}$	1.14	0.67
主要解释变量	creditcons	信贷约束	农户受到信贷约束 =1，未受到信贷约束 =0	0.16	0.37
	ln ls	农地规模对数	农户农地经营面积对数	3.56	1.88
	ln ls^2	农地规模对数平方	农户农地经营面积对数平方	16.28	14.58
控制变量	X	年龄	户主年龄 / 岁	53.06	9.70
		受教育程度	上学时长 / 年	8.31	3.18
		健康状况	好 =2，一般 =1，体弱 =0	1.84	0.43
		农业技能	是否参加农业培训（是 =1，否 =0）	0.45	0.49
		农业劳动力	家庭农业劳动力数 / 人	1.89	0.68
		非农收入	家庭非农年均收入 / 万元	7.97	19.12
		稻作制度选择	种植一季水稻 =1，种植两季水稻 =0	0.45	0.49
		地块面积	农地经营面积 / 地块数 / 亩·块$^{-1}$	48.31	137.84
	distinct	地区变量	江苏 =1，非江苏 =0	0.38	0.48

三、实证结果分析

利用农户调研样本数据，分别以全样本、10 亩下和 10 亩以上农户样本，使用最小二乘法对信贷约束的直接影响效应进行估计。表 6-4 中数据回归结果显示，各方程调整的 R^2 值均在 12% 以上，从截面数据上看可以说明拟合效果较好。全样本和大农户样本回归结果中，信贷约束均对农户的农地生产率有显著正向影响，小农户回归结果中，信贷约束对农地生产率有负向影响但并不显著。第一，可能是受信贷约束的农户，其水稻生产片区单产水平较高。第二，信贷约束的存在会促进农户基于利润最大化原值，在农地规模不变的前提下，增加家庭用工的投入从而加强精耕细作，以弥补信贷约束带来的负效应。第三，模型可能存在内生性问题。在控制变量中，身体状况越佳、拥有农业技能培训经营、非农收入越低以及种植单季水稻的农户农地生产率越高。其中，身体状况和稻作制度选择主要影响小农户的农地生产率，农业技能和非农收入主要影响大农户的农地生产率。鉴于内生性问题会造成实证结果的不准确，本书进一步通过间接影响效应，探讨信贷约束对农业规模经营绩效的影响。

表6-4　信贷约束对农地生产率的直接影响效应分析

自变量	OLS 回归模型		
	全样本	小农户	大农户
信贷约束	49.8900**	−11.8349	55.4120**
农地规模对数	1.3577	−6.9793	6.0855
户主年龄	1.0270	2.0637	0.8523
受教育程度	−2.0974	1.1587	−3.8773
健康状况	65.6098***	72.9348**	46.0175
农业技能	47.0553***	23.2516	52.6944**
农业劳动力	−13.3190	−14.4689	−11.0417
非农收入	−1.1871***	1.4580	−1.3499***
稻作选择	97.2436***	140.0287***	61.9652
地块面积	−0.0413	0.0464	−0.0355
地区变量	148.9427***	142.957***	159.7651***
截距项	735.6225***	623.9534***	776.637***
R^2	0.2147	0.2715	0.1884
观测数值	775	276	499

注：***、** 和 * 分别表示估计系数在 1%、5% 和 10% 的水平上通过了显著性检验。

　　利用农户调研样本数据，分别以农地生产率、单位产品现金成本和单位产品生产成本，使用内生转换模型对信贷约束的间接影响效应进行估计。表 6-5 中数据回归结果显示：在农地生产率列中，未受信贷约束农户的农地面积对数对农地生产率有负向影响但不显著；受约束农户的农地面积对数对农地生产率有显著的正向影响，即农地规模越大的农户通过提高单位产出增加水稻生产总收益以增加生产利润，与未受信贷约束组的回归系数比较，说明信贷约束的存在还是会带来农地生产率的损失，而规模扩大的农户可以减少这样的效率损失。除此之外，对于未受信贷约束农户，健康状况更加良好、拥有更多农业技能培训经历和水稻产量更高的地区均会增加其农地生产率；而对于受约束农户，只有种植单季水稻会增加其农地生产率，其他变量均不影响水稻的单位产出水平。

　　在单位产品现金成本列中，未受信贷约束农户的农地面积对数对单位产品现金成本有显著正向影响，即农地规模越大的农户单位产品现金成本越高，没有形成规模经济；受信贷约束农户的农地面积对数对单位产品现金成本有正向影响但不显著。现金成本主要包括物质和服务成本以及雇工成本，考虑到粳稻生产可能存在规模报酬递减的情况，且农地规模的扩大增加了未受约束农户的雇工投入，而信贷约束则可能制约了农户的雇工支出，因此未受约束农户在单位产品现金成本上反而出现了规模不经济，而受约束农户没有出现规模经济。

　　在单位产品生产成本列中，未受信贷约束农户的农地面积对数对单位产品生产成本有显著负向影响，表明农户扩大农地规模会降低单位产品生产成本，即农户的水稻种植形成了规模经济，具体而言，农地规模增加 1%，农户单位产品生产成本下降 0.43 元 / 斤。而农地面积对数平方系数为正且显著，说明农户农地规模与单位产品生产成本表现出"正 U 型"，存在规模阈值出现规模不经济。受信贷约束农户的农地面积对数对单位产品现金成本有负向影响但并不显著，表明受信贷约束农户农地规模的增加不能形成规模经营，即信贷约束的存在导致了农业经营规模不经济。除此之外，家庭农业劳动力人数越多、地块面积越大能够降低单位产品生产成本即农业规模经营成本，而经济水平更发达地区则会增加农户水稻种植成本。

　　综上所述，对于未受信贷约束的农户，其农地生产率达到了最优值且农地面积的变化并不会显著降低其水稻单产。同时，未受信贷约束农户在扩大农地规模过程中，在一定的规模阈值内形成了规模经济；对于受信贷约束的农户，其农地生产率未达到最优值，农户扩大农地规模过程中会基于生产利润最大化的原则牺牲成本提高单位产量。另外，受信贷约束农户扩大农地规模无法实现规模经济。

表6-5　信贷约束对农业规模经营绩效的间接影响效应分析

自变量	内生转换模型					
	农地生产率		单位产品现金成本		单位产品生产成本	
	未受约束	受约束	未受约束	受约束	未受约束	受约束
农地面积对数	−4.3877	26.4109**	0.0608**	0.0264	−0.4300***	−0.0529
农地面积对数平方	–	–	−0.0047	−0.0002	0.0662***	0.0130
户主年龄	0.8252	2.2786	−0.0004	0.0047	0.0012	0.0012
受教育程度	−6.7798	2.8173	0.0032	−0.0154	0.0034	−0.0137
健康状况	66.1113***	24.4900	−0.0073	−0.0102	−0.0930	−0.0429
农业技能	60.2214**	18.5902	−0.0350	−0.0886	0.0140	0.0180
农业劳动力数	−20.6179	3.0151	−0.0185	0.0537	−0.0991***	0.0266
稻作制度选择	42.9451	151.2712**	−0.0314	−0.2152	−0.0256	−0.2562
地块面积	−0.0249	0.0177	–	–	−0.0006***	−0.0006
地区变量	193.449***	56.4790	−0.0017	0.1336	0.3632***	0.6384
截距项	840.104***	488.2885***	0.4424***	0.3167	1.7922***	1.0933
对数似然值	−5333.162		−399.6730		−943.5929	
chi2（2）	1.2900		0.0300		0.1700	
Prob>chi2	0.0000		0.0052		0.0000	
观测数值	775		775		775	

注：***、** 和 * 分别表示估计系数在1%、5% 和10% 的水平上通过了显著性检验；因排版空间有限，表格中未放入 t 值。

第三节　本章小结

　　基于上一章中信贷约束对要素投入决策的影响分析结果，本章进一步考察了信贷约束对农业规模经营绩效的影响。实证研究表明：相较未受信贷约束农户，受信贷约束农户扩大其农地规模并不会降低单位农地产量即农地生产率，相反，农户的水稻种植的单位产出水平显著提高，因此，在农地撂荒问题加以控制情况下，信贷约束的存在并不会显著制约国家粮食数量安全政策目标的实现。也就是说，在成本和产量难以兼顾的情况下，农户选择了牺牲成本维持产量。同时，农业规模经营方式转变过程中，未受信贷约束农户在一定农地规模范围内实现了规模经济，而受信贷约束农户农地规模的扩张造成了规模不经济。主要考虑到这部分农户就算通过其他融资渠道或商业信用等缓解现金流约束方式达到了最优要素投入水平，其生产成本也会高于未受信贷约束下的要素投入成本。因此，在信贷约束的持续存在下，农业适度规模经营的发展与降低农产品生产成本、提高农业市场竞争力的目标相违背。

第七章　信贷约束的影响因素分析

上一章结论告诉我们，信贷约束不仅抑制农户的农地流入规模，也会对农户作物的最优生产点产生负效应，虽然未对农地资源配置效率产生显著负效应，但阻碍了农户农业生产规模经济的形成。本章就农户受信贷约束的缓解机制展开探讨。长期的农业小规模经营导致农户的低资本积累，其生产经营方式的转变由劳动密集型转向资本密集型，刺激了资本对劳动的替代，需要依靠以正规金融为主导的外部融资。本章研究的核心问题是：正规金融制约因素并不以价格为主导，一方面来自需求方的缺乏抵押担保和贷款信心的自我约束，另一方面来自供给方对需求者信息不对称的数量约束。那么正规金融的约束现状如何？作为正规金融的补充角色，非正规金融的作用有多少？

本部分将借鉴 Boucher 等人的研究成果，延伸至从事农业生产农户的信贷需求，利用需求方信贷约束和供给方型信贷约束的定义，从两个角度分析农户受信贷约束的成因，为不同类型农户信贷产品的设计作铺垫。本章研究逻辑思路如下：现阶段农户具有怎样的信贷需求？实际面临着怎样供需信贷约束状况？农业资本禀赋中哪些因素可以缓解农户所受供需方信贷约束？本章首先通过农户农业生产信贷需求和供给的样本进行描述性统计，反映从事农业生产农户的融资约束状况，并对是否签订正式土地流转合约、农地流转剩余年限、是否加入农业合作社对农户受到信贷约束的影响进行分析；从而从需求方和供给方两个层面得到缓解农户信贷约束的创新模式。

第一节　农户信贷的样本统计性描述

　　笔者在江苏省农村地区进行了补充调查，有效样本共 775 户，其中 266 户有外部融资需求，同时 37% 的农户有扩大农业生产意愿。调查过程中发现，农户最近一次的借贷决策会受到之前正规借贷结果的影响，即农户的需求方信贷约束可能因为之前受到过供给方信贷约束而失去借贷信心，同时，部分农户确实通过非正规金融实现了对正规信贷约束的缓解。

　　表 7-1 数据统计结果显示，农户在农业生产上的名义信贷需求主要来源于农地、农资和农机的资本投入。其中，农资投入需求占比达到 50% 以上，农机投资占比约 20%，而对农地的投入需求占比略高于 10%。同时，约 50% 以上的农户是在维持现有规模，约 20% 农户则有扩大流入农地规模需求，其中 10% 的农户有技术改良需求。即农资购置资金周转和维持目前规模是信贷需求的首要动机，农机和扩大规模的投资需求亦占一定比例。

表 7-1　农户信贷的农业生产动机描述性统计

具体指标类型	农地	农资	农机	其他 [1]
样本农户 / 户	28	148	48	12
占比 /%	10.53	55.64	18.05	4.51
具体指标类型	维持	扩大	技术	其他 [2]
样本农户 / 户	147	59	34	26
占比 /%	55.26	22.18	12.78	9.77

表 7-2 数据统计结果显示，在发生信贷的农户中，正规信贷占比 61.9%、正规和非正规信贷在规模和利率方面存在着较大差异，非正规信贷的平均规模只有正规信贷的三分之一，约 6 万余元。其中有 87.5% 的非正规信贷为无息类型。另一方面，虽然两者的资金用途都以农业生产为主，但具体来说，非正规信贷用途一般以购买农资为主，而正规信贷会含有更多的农机投资用途。总的来说，非正规信贷更多意义上是一种人情信贷，借贷方便及时且规模较小，不具有市场规范属性。与已有研究将非正规总结为正规信贷市场的一种补充的结论一致，有利于增加农户的信贷可获性（张兵，2012），因此，接下来将以正规信贷做信贷约束的缓解机制研究。

表 7-2　正规与非正规信贷渠道的特征均值统计

具体指标类型	规模 / 万元	农用占比 /%	无息占比 /%	年利率 /%
正规信贷	18.04	91	4.3	7.9
非正规信贷	6.18	93	87.5	10.09

---

[1]　其他里面主要包含一些雇工支出。

[2]　一部分农户由于上一年的亏损，所有的周转资金均需要依靠外部融资。也有农户需要发展新类别的农业生产，如养殖业、经济作物。

表 7-3 数据统计结果显示，农户受到了来自需求和供给方的双重信贷约束。信贷约束产生的原因主要有贷款手续复杂、利率较高和无信心申贷造成的需求方约束和由于信息不对称造成供给方为规避风险高利率、抵押担保品的门槛设置等硬约束。在 775 户农户中有名义正规信贷需求的样本农户 236 户，实际申请信贷农户 137 户，申请信贷需求匹配的农户共 120 户，获得信贷农户 127 户，获得全部申请额的农户 116 户，供需完全匹配农户只有 97 户。从事农业生产的农户总体上受到正规信贷约束程度达到50%。从 2006 年起推进的放宽农村地区银行业金融机构准入政策至今，农户的信贷约束状况虽得到一定改善（张兵，2015），但农户农业生产性正规借贷依然存在较严重的约束。数据显示，受到完全信贷约束的农户占50.8%，其中需求方导致的完全信贷约束占 46%，供给方完全信贷约束占5%；有 6.8% 农户受部分信贷约束，有 42.4% 的农户不受信贷约束。其中，需求方完全约束达到 46%，说明农户自身对正规金融的排斥程度较高，贷款手续复杂、利率较高和无信心申贷造成的需求方约束成为农户进入正规金融的主要阻碍。

表 7-3　样本农户家庭受信贷约束的原因分析

具体指标类型	需求方信贷约束		供给方信贷约束		无信贷约束
	完全	部分	完全	部分	
户数 / 个	94	17	12	9	649
占比 /%	45.76	11.86	5.08	6.78	42.37
利率高	10			—	—
手续繁杂	50				
缺失抵押担保品	18				
无信心申贷	54				
其他	4				

本节利用微观样本农户的信贷需求方约束和供给方约束数量占比，加以描述农户的信贷约束状况。表 7-4 数据统计结果显示，大农户的潜在信

贷需求更加旺盛，比小农户高将近 50 个百分点；大农户的需求方约束似乎更加严重，比小农户高 8 个百分点；而大农户的供给方约束较低，比小农户低约 12 个百分点。总体来说，农户同时面临着信贷需求方约束和供给方约束，且当前需求方约束问题较供给方更为严重。因此，接下来本章通过实证模型寻找需求方和供给方约束的影响因素。

表 7-4　样本农户的信贷约束描述性统计

具体指标类型	小农户	大农户
农户数 / 户	276	499
潜在信贷需求占比 /%	9.06	56.29
需求方约束农户占比 /%	32.00	40.39
供给方约束农户占比 /%	23.53	11.57

第二节　正规信贷约束的影响因素实证分析

本节的实证分析由三部分构成：模型与变量设定、变量描述与统计和实证结果分析。实证检验将运用双变量 Probit 模型检验假说五，得到的结论与政策建议将成为约束缓解机制部分的实践支撑。

一、模型与变量设定

接下来本节运用双变量 Probit 模型分析农户面临正规信贷约束的影响因素。已有相关研究采用的计量模型大多为 Probit 模型或 Tobit 模型，但它们对农户信贷需求的假定不符合实际情况，即忽略了具有名义信贷需求但出于交易成本等考虑并未提出贷款申请的农户，而双变量 Probit 模型可以在控制农户信贷需求影响的同时，分析金融机构的信贷供给行为。因此，本节运用双变量 Probit 模型分别估计农户自身正规金融需求约束行为和正规金融机构对农户农业生产信贷的技术门槛要求。具体模型为

$$D_d^* = \alpha_1 X_d + \varepsilon_1; \ 若 Z_d^* > 1，Z_d^* = 1，否则 Z_d^* = 0 \qquad （7-1）$$

$$S_s^* = \beta_1 X_s + \varepsilon_2; \ 若 Z_s^* > 1，Z_s^* = 1，否则 Z_s^* = 0 \qquad （7-2）$$

式中，D_d^* 是需求方约束，为 0 或 1 的二值变量，0 表示农户未受到信贷需求方约束，1 表示农户有信贷需求但没有申请或部分申请；S_s^* 表示供给方约束，为 0 或 1 的二值变量，0 表示农户的信贷需求获得全部满足，1 表示农户没有获得全部信贷。

X_d 和 X_s 分别表示影响农业生产农户需求方约束和影响金融机构信贷供给约束的因素，包括主要解释变量（农业禀赋）以及控制变量（农户个人特征、家庭资产、社会资本）。用 Z_d 和 Z_s 分别表示农业生产信贷受到需求约束和金融机构信贷供给约束，令 Z_d^* 和 Z_s^* 分别表示农户农业信贷的自我约束和金融机构信贷约束的隐含变量；$Var[\varepsilon_1] = Var[\varepsilon_2] = 1$；$Cov[\varepsilon_1, \varepsilon_2] = \rho$；$E(\varepsilon_1) = E(\varepsilon_2) = 0$。

作为双变量 Probit 模型的两个相关方程，可以通过利用 E_1 与 E_2 之间的相关性，在控制各种信贷需求影响因素的同时分析正规金融机构对农户的贷款技术门槛（即信贷供给方约束）的影响因素，明确农业生产农户信贷约束的供需双重约束的影响因素，探讨农业资本禀赋对缓解农户信贷约束的影响作用。

由于农村金融市场发展并不完善，农户进入正规金融存在较高的交易成本和需要足够的资产禀赋，其正规金融需求往往因为家庭资产禀赋的不足受到自身和金融机构配给而不能被完全满足，甚至直接被金融机构拒绝，便会出现信贷供给数额小于信贷需求数额，即正规金融信贷约束。理论上，家庭资产禀赋和社会资本禀赋都会对农户所受信贷约束状况存在影响。

个人禀赋包括户主年龄、受教育程度、身体健康程度。一方面，年纪较小的农户越容易学习新品种的种养技术并采纳，有利于规模农业生产与经营。另一方面，流入农地规模越大，遇到歉收年份，受损失的概率也越

大，年轻农户更愿意冒风险并承担风险，从而越倾向增加农地流入规模；受教育程度越高的农户越倾向增加农地流入规模；身体健康程度越差的农户难以兼顾到较大规模的农业生产，因此倾向选择较小的农地流入规模。农业技能培训能帮助农户增加种植知识，有利于其更专业化经营规模农地，因此农业技能有利于农户增加农地流入规模。资产禀赋包括家庭金融资产和生产性固定资产。社会资本包括家庭年均人情支出、朋友中是否有村干部或老板。

农业禀赋包括是否为农地抵押贷款试点镇、是否加入农业合作组织和农地经营权到期期限。理论上，农地抵押贷款试点有利于农户农业经营投资资金的获取；加入农业合作组织则能够促使农户更加有效地利用社会资本，获取信贷资金；农地经营权到期期限越短，农户进行规模种植的稳定性越差，主要表现在长期投资不确定性增加，不利于农户对经营农地进行长期投资；预期投资的减少可能造成农业规模经营的风险增加，以及农地资产难以在农地交易市场进行交易。

二、变量描述与统计

表 7-5 为上文模型中的各变量定义和描述性统计结果。

表 7-5 变量名称、定义与描述统计（四）

变量类型	变量名称		变量定义	均值	标准差
	英文名称	中文名称			
被解释变量	demconso	需求方约束	实际没有申请全部信贷需求 =1，申请全部 =0	0.11	0.32
	splconso	供给方约束	没有获得全部申请信贷规模 =1，获得全部 =0	0.14	0.35
	demconst	需求方约束	实际没有申请信贷需求 =1，申请 =0	0.11	0.32
	splconst	供给方约束	没有获得申请信贷规模 =1，获得 =0	0.02	0.13

续表

变量类型	变量名称		变量定义	均值	标准差
	英文名称	中文名称			
主要解释变量	sd	试点地区	是试点镇 =1，不是试点镇 =0	0.35	0.43
	ctrterm	农地经营权稳定性	农地合约到期剩余年数 / 年	2.29	3.67
	agricoop	是否加入农业合作组织	加入 =1，未加入 =0	0.15	0.36
控制变量	X	户主年龄	农户家庭户主实际年龄 / 岁	51.97	9.37
		受教育程度	户主受教育年限 / 年	8.17	3.06
		农业劳动力人口	有劳动能力和就业要求的农业劳动人口 / 人	1.97	0.67
		非农收入	农业劳动收入外总收入 / 万元	6.74	12.16
		金融资产净值	农户家庭现金、存款、持股资金互助社或农村合作银行和贷款总额 / 万元	5.73	26.43
		生产性固定资产净值	农户投资用于生产的一定价值的非货币性资产总值，如门面房、厂房和农机等 / 万元	6.87	21.63
		社会网络	亲朋中干部和老板数 / 人	1.91	3.69
		经营规模	借贷前经营的农地面积 / 亩	161.39	498.72
	distinct	地区变量	江苏 =1，非江苏 =0	0.38	0.48

三、实证结果分析

以是否获得全部信贷数额衡量信贷约束，模型回归结果见表 7-6 ①列。从面临需求方约束概率分析：在农业资本禀赋中，地区为试点镇与农户受需求方约束概率负相关，农地经营权剩余期限与农户受需求方约束概率负相关，是否加入农业合作社与农户受需求方约束的概率正相关。即试点镇可以有效降低农户受需求方约束的概率，而更长的农地经营权剩余期限和加入农业合作组织均不能有效降低农户受需求方约束的概率。其中，加入农业合作组织还会显著增加农户受需求方数量约束的概率，即农户有信贷需求但知道无法获得信贷，所以选择不去申请正规信贷。

表 7-6　信贷供需约束缓解的影响因素分析

自变量	按不同信贷约束衡量标准回归			
	①严格信贷约束标准		②放宽信贷约束标准	
	需求方约束	供给方约束	需求方约束	供给方约束
是否为试点镇	−0.0728	0.0063	−0.2028**	−0.2672*
经营权剩余期限	−0.0117	0.0835**	−0.0062	−0.1288*
是否加入农业合作组织	0.5777	0.4461*	0.5672**	0.3423
农户年龄	0.0270*	0.0234	0.0099	0.0166
受教育程度	−0.0269	−0.0536	−0.0763*	−0.0314
农业劳动力数	0.2261	0.3644**	0.4382**	0.0137
非农收入	−0.0031	−0.0111	−0.0360**	−0.0076
家庭资产水平	0.0039	0.0019	0.0050	0.0065
社会网络	0.0414**	−0.0362	0.0015	−0.0692
经营规模	−0.0012**	−0.0014**	−0.0023***	−0.0010
截距项	−1.5240	−0.9273	−0.1763	−2.4866
对数似然值	−142.30126		−207.4256	
chi2（1）	32.1817		0.0035	
Prob>chi2	0.0000		0.0002	
观测值数	775			

注：***、**和*分别表示估计系数在1%、5%和10%的水平上通过了显著性检验。

从面临供给方约束概率来分析：在农业资本禀赋中，该地区为试点镇与农户受供给方约束正相关，农地经营权剩余期限与农户受供给方约束正相关，加入农业合作社与农户受供给方约束正相关。其中，农地经营权剩余期限显著增加了农户受供给方数量约束的概率，本书认为，拥有较长经营权剩余期限的农户往往投资需求旺盛，由于其信贷需求规模较大，则容易面临供给方数量约束。

年龄和受教育程度符号与预期一致，虽然有些并不显著；家庭资产禀赋金融资产原值与需求方和供给方约束关系均为正，但并不显著；社会资本禀赋亲朋中在政府部门工作或做生意的人越多会增加农户受需求方约束的概率，说明拥有丰富的社会资本可以降低农户对正规金融的信贷需求。

考虑到以是否获得全部信贷数额衡量信贷约束探讨农业资本禀赋对信贷约束的影响结果与预期出入较大，本书进一步以是否获得正规信贷衡量信贷约束进行模型回归，回归结果见表7-6②列。从面临需求方约束概率分析：农业资本禀赋中，该地区为试点镇与农户受需求方约束概率显著负相关，农地经营权剩余期限与农户受需求方约束概率负相关，加入农业合作社与农户受需求方约束的概率正相关，即试点镇农户受需求方完全约束概率显著降低，而更长的农地经营权剩余期限和加入农业合作组织同样均不能有效降低农户受需求方完全约束的概率。其中，加入农业合作组织同样会显著增加农户受需求方完全约束的概率。

从面临供给方约束概率来分析：农业资本禀赋中，该地区为试点镇与农户受供给方约束负相关，农地经营权剩余期限与农户受供给方约束负相关，加入农业合作社与农户受供给方约束正相关。其中，试点镇和农地经营权剩余期限显著降低了农户受供给方完全约束的概率，即试点镇和拥有较长农地经营权剩余期限的农户容易面临供给方数量约束，但是获得正规信贷的概率大大增加；而加入农业合作组织不会显著增加农户受供给方完全约束的概率。

年龄和受教育程度符号与预期一致，有些显著性与①列不同，说明农户有潜在信贷需求之后，进行的信贷申请行为具有明显差异性；家庭资产水平和社会资本水平与受供需双方约束均不显著。

上述实证结果说明农业资本禀赋对农户面临正规信贷约束存在影响，但实际的信贷发生行为与理论预期存在出入。第一，试点地区农户的信贷约束设定为严格约束时，农户的供给方约束概率未降低，说明农地抵押贷款试点效用具有边界。第二，农地经营权剩余期限越长，就增加了农户信贷需求，在一定程度上代表了农户的农业生产水平和农业投资需求水平。然而它并不是信贷供给者放贷的技术门槛依据。因此，它增加了农户获得信贷的概率，但并未使农户获得全部的信贷数额。第三，要想加入农业合作组织往往具有硬性指标与条件，农户从而拥有了更为丰富的农业资源和资本禀赋，这增加了农户的潜在信贷需求。但是正规金融市场未对这种组织化的资本进行有效利用，农户知道自身不能获得信贷从而放弃申请贷款。而申请信贷的农户也不能通过农业合作组织这一禀赋有效获得全部信贷或部分信贷。

第三节　本章小结

本章基于调研数据分析了农村信贷市场中正规金融和非正规金融的现状。借助双变量 Probit 实证模型，分析了农户受正规信贷约束的影响因素。根据我国农业生产经营发展的实际情况，重点探究了农业生产经营方式转型过程中农业资本禀赋对农户信贷约束的缓解作用。

研究发现，农业资本禀赋激发了样本地区农户的信贷需求，但其并没有有效转变为信贷实际申请和获得，只有农地经营权这一指标降低了农户受信贷约束的概率。因此，农村金融机构应当充分挖掘运用农户拥有的农业资产，尝试创新符合农业生产农户特征的信贷产品，进一步探寻受信贷约束农户的信贷方式，并有效甄别信贷农户信用等级及授信额度。

最后，本章结论认为农村信贷市场的改革方向应当是针对不同类型农户的不同生产特征进行信贷机制、信贷产品和信贷制度等方面的创新，设计不同信贷产品。接下来本书以试点较为广泛的农地金融模式为案例,分析其对农村地区农户的信贷约束的影响;基于信贷约束对农户农业生产行为的抑制效应、信贷技术的信贷产品创新以及正规金融市场和乡土社会的融合,提出具有针对性的创新信贷模式。

第八章 农业规模经营的约束缓解机制：基于实物融资合约治理视角

与同类研究相比，本章的可能贡献在于：第一，在研究对象上，以水稻种植户为研究对象，拓宽了农业规模经营对非正式制度演变的影响这一重要问题的研究范围，为金融服务农业、农村乃至乡村振兴提供金融市场多元化发展的战略启发；第二，在理论研究上，以缩小城乡贫富差距为终极目标，以发展农业规模经营为出发点，从生产要素的规模、质量和竞争三个维度，厘清农业规模经营对合约治理演化的影响路径及其作用机制，为乡土社会的合约治理理论提供一个新的解释视角；第三，在实证研究上，运用 Heck-Probit 模型和中介效应模型，评估农业规模经营对实物融资合约演变的引致效应与影响程度，为当前推动农业现代化和要素市场化的发展与发育、制定农村金融政策提供实践启示。

第一节　实物融资结构的样本描述

表 8-1 展现了两次调查的实物融资结构的描述性统计 [1]。数据统计结果显示，全样本 1- 全部样本 442 户中，实物融资的发生比例为 40.62%，无实物发生率为 59.38%；全样本 2- 全部样本 453 户中，实物融资的发生比例为 55.38%，无实物发生率为 44.62%。以上数据说明相较于传统小农，规模农户具有更高的实物融资需求，实物融资发生率显著上升。具体对比有实际融资需求样本发现，全样本 1- 有实际融资需求样本中，实物融资发生率为 84.95%；全样本 2- 有实际融资需求样本中，实物融资的发生率75.39%。全样本 2 实际的纯实物融资发生率 40.84% 低于全样本 1 实际的57.92%，约为 17.08%；半实物融资发生率 34.55%，高出全样本 1 实际27.03，约 7.52%。以上数据说明规模户的纯实物融资发生率不断下降，需要通过更多的非实物融资渠道进行融资。

表 8-1　实物融资结构的描述性统计　　　　单位：%

跨期调研分组	实物融资结构					
	全部样本			有实际融资需求样本		
	纯实物	半实物	无实物	纯实物	半实物	无实物
全样本 1	25.52	15.10	59.38	57.92	27.03	15.06
其中：规模户	35.82	25.37	38.81	48.48	34.34	17.17
全样本 2	30.00	25.38	44.62	40.84	34.55	24.61

注：受四舍五入运算法则影响，各变量下不同类别的比例之和不一定为 100%。

---

[1]　本书根据调研的外部融资渠道，将农户的实物融资结构进行类型，划分出：只有实物融资渠道的融资结构为纯实物融资，既有实物融资渠道又有其他融资渠道的融资结构为半实物融资，没有实物融资渠道的融资结构为非实物融资。

　　综上所述，规模户引致了更大规模、更多类型的外部融资需求，经过了四年的时间跨度，乡土社会中分化出了更多的规模户。从是否参与实物融资的层面看，他们参与实物融资的概率普遍更高，且对实物融资具有更强一些的依赖性；从纯实物融资占总融资比重的层面看，实物融资对规模户的支持作用有明显的减弱趋势。

　　表 8-2 展示了两次调查的实物融资规模的描述性统计。数据统计结果显示，全样本 1 的实物融资户均规模总体小于全样本 2 的实物融资户均规模。横向来看，全样本 1 的纯实物融资户均规模 3.12 万元小于进行半实物融资的户均规模 8.15 万元；全样本 2 的纯实物融资户均规模 10.76 万元与半实物融资户均规模 11.47 万元在数量上差异不大。纵向来看，全样本 1 的纯实物融资户均规模 3.12 万元远低于全样本 2 的纯实物融资户均规模 10.76 万元；全样本 1 的半实物融资户均规模 8.15 万元略低于全样本 2 的半实物融资户均规模 11.47 万元。这说明随着农业规模经营的不断发展，实物融资市场也在不断地发育，户均实物融资规模逐渐增加且融资结构呈现出渠道多样性和丰富性。

表 8-2　实物融资规模的描述性统计

跨期调研分组	实物融资规模 / 万元	
	纯实物融资	半实物融资
全样本 1	3.12	8.15
其中：规模户	4.15	8.03
全样本 2	10.76	11.47

表 8-3 展示了实物融资合约治理方式[1]的描述性统计。数据统计结果显示，全样本 1 的实物融资市场中，口头合约的比重达 55.24%，正式合约的占比为 44.75%。其中，规模户的实物融资合约治理方式出现了书面化趋势，正式合约总比例达到 68.43%，高出全样本约 23.68%，口头合约占比下降到 31.58%。这说明全样本 1 的实物融资市场，口头合约依然占据重要位置，农户的农业规模经营发展伴随着合约正式治理的出现，口头合约的主导地位正在逐渐降低。到了全样本 2，口头合约的比重只有 11.27%，正式合约的占比为 88.74%。其中，记账治理方式依然占据主流，而信用卡账单这种更为现代的金融契约形式占比逐步提升。

表 8-3 实物融资合约治理方式的描述性统计　　　　单位：%

跨期调研分组	实物融资合约治理方式			
	口头合约	正式合约		
	口头	记账	欠条	信用卡账单
全样本 1	55.24	5.71	29.52	9.52
其中：规模户	31.58	15.79	42.11	10.53
全样本 2	11.27	57.75	12.68	18.31

注：受四舍五入运算法则影响，各变量下不同类别的比例之和不一定为 100%。

---

[1]　合约治理方式来源于入户调研。首先询问受访农户"购买农资时是否立即付款"，若回答是否定的，再问"是否签订了还款合约以及合约治理方式"，合约治理方式包括口头、记账、欠条、账单和其他共五个选项可供选择。其中，口头合约无缔约双方签字记录，记账、欠条和账单合约有文字记录且有缔约双方签字，因此统称为正式合约。

第二节　实物融资合约选择的实证分析

本节的实证分析由三部分构成：模型与变量设定、变量描述与统计、实证结果分析。本节将运用 Heckman 两阶段回归模型检验假说六和假说七，得到的结论与政策建议将成为约束缓解机制部分的实践支撑。

一、模型与变量设定

在模型设定上，由于样本可能存在选择性偏误问题，本书选择 Heckman 两阶段模型进行实证分析。Heckman 两阶段法与普通最小二乘法不同的是该方程中加入了 i 项逆米尔斯比率（inverse Mill's ratio），用于克服样本的选择性偏差，即首先通过第一阶段的回归得到 λ_i，然后将 λ_i 加入第二阶段的线性估计模型中。由于 λ_i 与样本误差 $ui-E(ui|exp_i=1)$ 呈线性关系并且具有 0 均值，从而保证了估计结果的无偏性。考虑到因变量的二值性质，为了更有力地解释实物融资的合约治理演化趋势，本书在经典 Heckman 模型的基础上，将第二阶段的 OLS 回归模型修改为 Probit 模型进行实证分析。

研究农户的实物融资参与决策，并分析实物融资合约的正式治理的驱动因素。具体步骤如下：第一步，利用总体样本里所有的观察值（所有实物融资和不实物融资的农户），对每个农户选择实物融资的概率进行预测，计算出每一个观察值的反向 Mills 比率；第二步，利用发生实物融资的样本农户进行回归分析，而同时把反向 Mills 比率作为控制变量以获得一致估计量。需要强调的是，Heckman 两阶段模型中主体模型（实物融资合约治理模型）的解释变量应该是选择模型（实物融资参与决策模型）的解释变量群的完全子集。而且，在选择模型中，至少要有一个解释变量不出现在主体模型之中。

具体形式如下：

$$\lambda_i = \alpha_0 + \alpha_1 credit_i + \alpha_2 X_i + \alpha_3 F_i + \alpha_4 D_i + \alpha_5 agrilabor_i + \mu_i \qquad （8-1）$$

133

$$Probit(contract_i) = \beta_1 X_i + \beta_2 F_i + \beta_3 D_i + \beta_4 \lambda_i + \varepsilon_i \qquad （8-2）$$

其中，λ_i 为反向 Mills 比率；$contract_i$ 代表农户融资实物融资合约治理方式，包含口头合约和正式合约两类；$credit_i$ 代表农户是否发生实物融资；X_i 代表一系列核心解释变量；F_i 代表一系列控制变量；D_i 为地区虚拟变量。$agrilabor_i$ 代表农户家庭农业劳动力人口，用于模型的排除限定，不出现在式（8-2）中。

本书借鉴陈昊、吕越、孙光林等的做法，在考虑样本自选择问题的基础上，对规模经营通过交易数量和交易关系影响实物融资合约治理演化的传导机制进行检验，具体检验过程如下：

$$media_i = \gamma_1 X_i + \gamma_2 F_i + \gamma_3 D_i + \gamma_4 \lambda_i + \varepsilon_i \qquad （8-3）$$

$$\lambda_i = a_0 + a_1 credit_i + a_2 X_i + a_3 media_i + a_4 F_i + a_5 D_i + a_6 agrilabor_i + \mu_i \qquad （8-4）$$

$$Probit(contract_i) = b_1 X_i + b_2 media_i + b_2 F_i + b_3 D_i + b_4 \lambda_i + \varepsilon_i \qquad （8-5）$$

式中，$media_i$ 代表中介变量；其余变量和符号的含义与前文相同。

本书利用式（8-1）至式（8-5）的估计结果检验中介变量 $media_i$ 的中介效应，具体检验[1]结果遵循 $\beta_1 = b_1 + \gamma_1 \cdot b_2$（总效应＝直接效应＋间接效应）等式。过程如下：第一步，检验回归系数 β_1 的显著性。如果 β_1 显著，存在总效应，按中介效应立论；如果 β_1 不显著，不存在总效应，按遮掩效应立论。第二步，检验回归系数 γ_1 和 b_2 的显著性。如果它们都显著，存在间接效应；如果 γ_1 和 b_2 系数中至少有一个不显著，用 Bootstrap 法直接检验 $H_0: \gamma_1 \cdot b_2 = 0$。如果 $\gamma_1 b_2$ 显著，存在间接效应；否则不存在间接效应，停止分析。第三步，检验回归系数 b_1，如果它显著，说明存在直接效应。若 $\gamma_1 b_2$ 与 b_1 同号，中介变量 $media_i$ 具有部分中介效应；若 $\gamma_1 b_2$ 与 b_1 异号，中介变量 $media_i$ 具有遮掩效应。如果回归系数 b_1 不显著，说明不存在直接效应，中介变量 $media_i$ 具有完全中介效应。

---

[1] 检验结果的解释主要参考温忠麟的理论分析。

二、变量描述与统计

（一）被解释变量

基于乡土社会的实际调查情况，本书对被解释变量合约治理方式进行设定。合约从口头形式过渡到记账、欠条和账单形式，表现出了显著的书面化趋势。口头合约是没有建立在白纸黑字上的一种合约治理方式，不具备法律效力；记账、欠条和账单的合约治理方式均建立在白纸黑字上，均有农资购买者的签名，具备一定的法律效力。因此，合约的书面化本质上是一种合约治理的市场化、正式化与规范化。因此，本书将无缔约双方签名的实物融资记为口头合约，将记账、欠条和账单等有缔约双方签名的书面形式记为正式合约。

（二）核心解释变量和中介变量

核心解释变量：本书具体选取农户流入农地面积、农资质量安全控制行为得分、本村与邻近村庄农资商数量分别代表要素规模、要素质量和要素市场竞争。首先，当流入农地面积越大时，农户所需投入的生产要素的总量便越高，因此农地面积可以用来衡量农户的要素投入规模。其次，本书设计了农资质量控制行为的评价指标[1]，各选项总分为 11 分，当农户的得分越高时，其具有越高质量的安全控制行为。最后，当乡土社会中的农资供给者数量越多时，农资市场的竞争程度便会越大，因此农资商数量反映了农资市场的竞争程度。

中介变量：交易数量用实物融资的资金数额衡量，交易关系包括交易

---

[1]　农业规模经营质量控制行为评价指标包含 6 个指标：第一，农户流入农地时，是否关注农地质量（0= 不关注；1= 关注）；第二，购买水稻种子、农药、化肥时最关注什么（0= 价格低，1= 安全无污染，2= 品质好）；第四，是否购买品牌农资（0= 不购买，1= 购买），其中，是否购买双重品牌（0= 不购买，1= 购买），是否购买地理标志品牌（0= 不购买，1= 购买）；第五，是否看农资合格证书（0= 不看，1= 看）；第六，是否看农资说明书（0= 不看，1= 看）。

地缘关系和交易亲缘关系，用是否在本村或邻近村庄购买农资和是否认识或熟悉农资供给者的总值来衡量。

（三）控制变量

本书选取了与农户个人禀赋（户主年龄、户主受教育程度）和农户家庭禀赋（家庭成员是否有村干部、家庭成员是否参加过农业技能培训）相关的控制变量以增加模型回归结果的准确性。具体的变量名称、含义以及描述性统计见表 8-4。

表 8-4　变量设置

变量类型	变量名称		变量含义与赋值	均值	标准差	最小值	最大值
被解释变量	是否实物融资		1= 是，0= 否	0.62	0.50	0.00	1.00
	合约治理方式		1= 正式合约，0= 口头合约	0.55	0.50	0.00	1.00
核心解释变量	规模化	要素规模	农户流入的农地面积 / 亩	342.23	402.95	10.00	2100.00
	质量化	要素质量	农资质量安全控制行为得分（分）	4.79	3.33	0.00	7.00
	竞争化	要素竞争	农户熟悉的农资商数量 / 个	2.18	1.36	0.00	10.00
中介效应变量	交易数量		实物融资的资金数额 / 万元	2.44	5.40	0.00	36.00
	交易关系	交易地缘	1= 乡土社会外部，0= 乡土社会内部；	0.37	0.38	0.00	2.00
		交易亲缘	1= 陌生，0= 认识或熟悉				

续表

变量 类型	变量名称	变量含义与赋值	均值	标准差	最小值	最大值
控制 变量	农户年龄	周岁 / 岁	52.85	8.70	32.00	73.00
	受教育程度	上学年数 / 年	9.21	3.45	0.00	6.00
	社会地位	1= 当过村干部，0= 否	0.33	0.48	0.00	1.00
	农业技能	1= 参加过农业培训，0= 无	0.64	0.50	0.00	1.00
	农业劳动力数	家庭从事农业劳动力人数 / 人	1.81	0.80	0.00	4.00
	外部融资规模	外部借贷需求的总数额 / 万元	15.24	29.52	0.00	220.00
	地区	1= 扬州市域，0= 南通市域	0.60	0.50	0.00	1.00

三、实证结果分析

（一）农业规模经营对实物融资合约选择影响的实证检验

表 8-5 是对式（8-1）和式（8-2）的回归结果，为了清晰地看出规模经营对合约治理影响作用的大小，Probit 回归结果均使用边际效应表示。第一，Heck-Probit 两阶段模型回归结果显示，选择方程中的逆米尔斯比率显著，存在样本选择偏误问题。定性分析结果显示：规模化指标要素数量对合约治理方式不具有显著影响，即要素数量需求的增加不能提升合约正式治理的概率，未能验证假说一。第二，质量化指标要素质量对合约治理方式具有正向影响，说明要素质量控制行为的提升会促使合约趋向正式治理，即降低了交易双方缔约正式合约的概率。因此，质量化因素对合约正式治理的驱动作用在一定区间内存在，验证了假说二。第三，竞争化指标要素市场竞争对合约治理方式具有显著的正向影响，即当交易市场竞争程度越高时，实物融资合约正式治理的概率越高，验证了假说三。本书直接使用 Probit 模型再次进行回归，结果显示：关于核心解释变量，Heck-Probit 模型较 Probit 模型的回归结果偏大，且部分变量变得显著，消除了样本自选择带来的偏差。因此，模型回归结果是稳定有效的。

表8-5 实证回归结果分析

自变量	Heck-Probit		Probit
	实物融资决策	合约治理方式	合约治理方式
要素规模	0.001*** （0.0003）	0.00002 （0.0002）	0.0001 （0.0001）
要素质量	−0.017 （0.040）	0.043** （0.022）	0.059*** （0.018）
要素竞争	0.166** （0.078）	0.059** （0.027）	0.082*** （0.022）
年龄	−0.031** （0.013）	0.008* （0.004）	0.005 （0.005）
教育	−0.067* （0.036）	0.035*** （0.012）	0.033*** （0.013）
社会地位	0.374* （0.219）	−0.102 （0.070）	−0.085 （0.081）
农业技能	0.016 （0.178）	−0.031 （−0.064）	−0.048 （0.075）
农业劳动力数	0.142 （0.135）	− −	− −
外部融资规模	−0.009*** （0.004）	− −	− −
地区	−1.308*** （0.233）	0.174** （0.085）	0.037 (0.425)
截距项	2.261*** （0.738）	−2.870*** （0.869）	−4.662*** （2.275）
rho 值	14.140***	−	−
样本量	442	222	222

注：*、**、***分别表示显著性水平为10%、5%和1%；括号内的数字为标准误；部分结果较小，保留至第一位非零小数位；由于位数保留限制，系数与标准误的比值可能会与*标识不符。

同时，定量分析结果显示，在其他变量值一定的条件下，要素质量控制行为得分评价每增加1分，合约正式治理的概率提高5.9%；要素市场竞争程度平均每增加1个供给者，合约正式治理的概率提高8.2%。由本部分的实证结果可知，要素购买质量越高、要素市场竞争越大的情况下，实物融资合约的正式治理概率越大。

（二）交易特征的中介效应检验

1. 规模化的交易数量遮掩效应分析

规模化的交易数量中介效应的回归结果见表 8-6。从"交易数量"回归结果可以看到，要素数量变量在 1% 的统计水平上显著，且系数符号为正，表明农户的要素投入规模的提高将促使实物融资的交易数量增加。Heck-Probit 合约治理的回归结果显示，要素规模对合约正式治理有显著的正向影响，交易数量对合约正式治理具有显著的负向影响，交易数量具有遮掩效应。也就是说，交易数量在一定程度上遮掩了要素规模对合约治理方式的影响，控制交易数量后会显著扩大要素规模对合约治理方式的影响。这说明农户的要素投入规模的增加提升了交易双方签订正式合约的概率，但是交易数量越大的农户往往具有更好的声誉和更高的资产水平，更容易获得农资商提供的口头合约（直接效应与间接效应相抵消），即实物融资交易数量暂未达到口头合约的边界。在控制了交易数量的情况下，要素规模平均每增加 1 亩，合约正式治理的概率提高 0.04%。因此，不存在"规模化－交易数量－合约治理"的间接影响机制，研究假说 H1 不成立。

表 8-6　数量化的交易数量中介效应验证

解释变量	OLS	Heck-Probit	
	交易数量	选择模型	合约治理
要素规模	0.006*** （0.001）	0.001*** （0.0003）	0.0004*** （0.0002）
交易数量	—	123.188 （853196.1）	-0.022** （0.006）
常数项	0.520 （2.118）	1.553 （1.060）	-3.295** （1.385）
控制变量	已控制	已控制	已控制
rho 值	—	5.290**	—
样本量	442	442	222

注：*、**、*** 分别表示显著性水平为 10%、5% 和 1%；括号内的数字为标准误；部分结果较小，保留至第一位非零小数位；由于位数保留限制，系数与标准误的比值可能会与 * 标识不符。

2. 质量化的交易关系中介效应分析

质量化的交易关系中介效应回归结果见表 8-7。"交易关系"回归结果显示，要素质量变量在 1% 的统计水平上显著，且系数符号为正，表明农户对要素购买质量的提高将促使实物融资的交易关系变为弱关系；Heck-Probit 合约治理的回归结果显示，要素质量对合约正式治理具有显著作用，交易关系对合约正式治理没有显著的正向影响。为了检验交易关系对合约正式治理中介效应的显著性，必须进行 Sobel 检验。检验结果表明，Sobel 检验值为 0.03，显著小于 0.12，说明交易关系具有部分中介效应，存在"质量化 – 交易关系 – 合约治理"的间接影响机制。因此，研究假说 H2 得到验证。

表 8-7　质量化的交易关系中介效应验证

解释变量	OLS	Heck-Probit	
	交易关系	选择模型	合约治理
要素质量	0.297***	−0.033	0.036**
	（0.072）	（0.054）	（0.017）
交易关系	—	0.345	0.061
		（0.222）	（0.067）
常数项	−0.262	2.188**	−2.750***
	（1.567）	（0.955）	（0.950）
控制变量	已控制	已控制	已控制
rho 值	—	16.300***	—
观测值	442	442	222

注：*、**、*** 分别表示显著性水平为 10%、5% 和 1%；括号内的数字为标准误；部分结果较小，保留至第一位非零小数位；由于位数保留限制，系数与标准误的比值可能会与 * 标识不符。

3. 竞争化的交易关系中介效应分析

竞争化的交易关系的中介效应回归结果见表 8-8。"交易关系"回归结果表明，竞争程度变量在 1% 的统计水平上显著，且系数符号为正，表明农户参与的要素市场竞争的加剧将促使实物融资的交易关系变为弱关系。Heck-Probit 合约治理的回归结果展示，竞争程度对合约正式治理没有显著的正向作用，交易关系对合约正式治理具有显著的正向影响，表明农户参与的要素市场竞争程度的加剧会完全通过交易关系弱化促进合约正式治理。交易关系具有完全中介效应，存在"质量化 – 交易关系 – 合约治理"的间接影响机制。因此，研究假说 H3 得到验证。

表 8-8　竞争化的交易关系中介效应验证

解释变量	OLS	Heck-Probit	
	交易关系	选择模型	合约治理
竞争程度	0.026*** (0.009)	0.133*** (0.054)	0.053** (0.067)
交易关系	—	−0.179 (0.287)	0.061*** (0.023)
常数项	−0.487 (3.015)	2.636*** (0.755)	−4.232*** (0.949)
控制变量	已控制	已控制	已控制
rho 值	—	16.300***	—
观测值	442	442	222

注：*、**、*** 分别表示显著性水平为 10%、5% 和 1%；括号内的数字为标准误；部分结果较小，保留至第一位非零小数位；由于位数保留限制，系数与标准误的比值可能会与 * 标识不符。

第三节　本章小结

农业规模经营引致规模化、质量化和竞争化的要素交易，会渐进地、深入地影响农户实物融资的缔约方式。当农业经营产生更大的要素投入规模、更高的要素投入质量和更强的要素市场竞争时，农户将无法基于口头合约缔约与执约，更有可能做出"市场化"的合约决策，并最终缔结正式合约。本书通过理论研究得出，农业规模经营的农资交易变化对实物融资市场转向合约正式治理具有促进作用。进一步地，本书通过对中国江苏县市 442 个样本农户的微观调查数据进行实证检验，得出结论如下：①在农业规模经营过程中，农业生产要素的规模化、质量化和竞争化引致了实物融资合约的正式治理；②要素投入规模平均每增加 1 亩，合约正式治理的概率增加 0.01%；要素质量控制行为平均每提升 1 分，合约正式治理的概率提高 5.9%；要素市场竞争程度平均每提高 1 单位，合约正式治理的概率提高 8.2%；③要素购买质量的提升和要素市场竞争的加剧均会通过交易关系间接增加农户缔约正式合约的概率。需注意的是：第一，受数据限制，本书并未探讨关于其他水稻种植片区，农户实物融资合约治理的演化趋势，后续研究有待进一步完善；第二，合约治理除了合约方式，还包括合约周期和合约定价等多个方面，诸如具体的合约信息在农业规模经营影响下的演化机制及背后逻辑，也是合约选择行为和合约制度演化研究中值得关注的问题。

本章的政策启示是：在全面推进乡村振兴战略的时代背景下，农业规模经营发展对实物融资制度的内生成长起到了重要的促进作用。由农业规模经营方式引致的生产要素的投入规模增加、投入质量提升以及市场竞争程度加深，从根本上推动着实物融资合约治理的市场化、正式化与规范化演变，促进了合约的正式治理。因此，生产要素的规模化、质量化和竞争化可以自发地基于要素市场交易形成替代传统口头合约的正式合约。也就是说，随着现阶段农业规模经营的发展，现有的实物融资制度正在不断演化适应新的需求。那么，当前政府在制定农村金融政策和设计农村金融市场规制时，一方面需要考虑内生性非正式金融制度存在的合理性，引导并逐渐打破乡土社会的非市场、非正式行为，促使非正式金融制度的完善与成长；另一方面应从学习和借鉴非正式金融制度的角度出发，拓展地方正式金融服务水平及其可持续性，给予非正式金融与正式金融融合发展的空间，形成多元化的农村金融市场格局。

第九章　农业规模经营的约束缓解机制：基于实物融资和正式融资的关系视角

　　本章主要做了三点边际贡献：第一，我们丰富了实物融资市场的参与主体之一——水稻种植户的研究。大部分学者在探讨实物融资与正式融资关系的问题时多以企业作为研究对象，仅有少部分文献以农户作为研究对象。梳理已有文献不难发现，本书是第一个探索水稻种植户的实物融资结构的研究，而这对于农户获取外部融资、发展农业规模化经营至关重要。第二，我们进一步补充了合约安排对实物融资和正式融资关系的影响，发现了声誉对此产生影响的作用机制。有别于已有研究从外部融资需求、外部宏观环境和主体禀赋特征等角度来探讨实物融资和正式融资之间的替代或互补关系，我们的研究视角源自新兴经济体中国，具体发生在中国农村地区，实物融资市场中出现了签订正式合约的现象，这将影响农户的实物融资决策。第三，我们增加了实物融资与正式融资互补关系的经验证据，这拓展了替代性融资观点。在中国农村地区，传统小农和规模户都有外部融资需求，在解决农业融资约束问题上，小农户和规模户都将实物融资作为重要的债务融资渠道。

　　考虑到实物融资与正式融资之间理论上可能存在内生性，本章将首先进行内生性检验与工具变量检验，再利用合适的变量与模型验证并揭示合约安排对实物融资与正式融资之间的定性与定量关系。

第一节　实物融资参与的样本描述统计

表 9-1 展示了农户对实物融资的声誉心理分析，"全部样本"和"有融资需求样本"分别展现了样本农户对实物融资的声誉心理。在中国特别是中国农村地区，人们非常看重脸面，农户会通过一些语言和行为维护脸面以保证自身和家庭在乡村中的声誉，当他们觉得某件事情"丢脸"时，他们就不会参与其中。本书认为若农户对实物融资的声誉心理是"丢脸"，自我施压或者环境约束两个渠道均可能提高他们参与实物融资的声誉累积成本，抑制他们参与实物融资。在调查访谈过程中，我们将农户对实物融资的态度归为丢脸、无所谓、不丢脸三类，进而观察这三类农户参与实物融资的比例。全样本中态度为"丢脸"的农户参与实物融资的比例为 50%，态度为"无所谓"和"不丢脸"的农户参与实物融资的比例比态度为"丢脸"的农户高出 7.81% 和 24.31%。有融资需求样本中态度为"丢脸"的农户参与实物融资的比例为 60%，态度为"无所谓"和"不丢脸"的农户参与实物融资的比例比态度为"丢脸"的农户高出 16.04% 和 27.98%。因此，调查数据表明，农户对实物融资持有"丢脸"的心理会增加其声誉累积成本，从而降低农户参与实物融资的概率。

表 9-1　农户对实物融资的声誉心理分析

指标类别	全样本			有融资需求样本		
	丢脸	无所谓	不丢脸	丢脸	无所谓	不丢脸
总数 / 户	36	128	218	30	96	183
实物融资 / 户	18	75	163	18	75	163
比例 /%	50.00	57.81	74.31	60.00	76.04	87.98

表 9-2 展示了农户参与实物融资的原因及其数量占比。农户参与实物融资的原因多种多样，调研问卷共梳理出五个重要原因，包括缺乏资金、增加家庭资产流动性、享受实物融资服务、防止买到假货和省事方便。这五个重要原因大致可以分为两类：缺乏资金和不缺乏资金。缺乏资金的农户占比约 65%，剩余四个原因总占比约 35%，说明资金的缺乏依然是农户参与实物融资的主要原因。数据结果进一步说明，现在乃至将来实物融资都是农户从事农业生产面临资金困境时的有效融资渠道，实物融资和正式融资共同支持有利于提升农户的农业生产经营效率，因为实物融资不仅起到资金融通的作用，还扮演了农资质量保障（如防止买到假货）和农业生产风险分担（如实物融资服务）的角色。

表 9-2　农户参与实物融资的原因分析

指标类别	缺乏资金	享受实物融资服务	增加家庭资产流动性	防止买到假货	省事方便	合计
户数 / 户	110	18	22	8	10	168
占比 /%	65.48	10.71	13.10	4.76	5.95	100.00

注：该表展示了农户参与实物融资的原因及其数量占比。

表 9-3 展示了合约安排异质性下农户禀赋特征比较，"全部样本""口头合约""正式合约"分别列出了各样本组的各变量均值。为了消除由于样本分组导致融资结构差异的问题，在后续分析中更好地识别出实物融资与正式融资的关系，本书首先对全样本、口头合约安排样本和正式合约安排样本的指标均值进行 T 检验。在农户的个人禀赋层面，两类样本的指标数据不具有明显的差异；在农户的家庭禀赋层面，两类样本的指标数据不具有明显的差异；在农户的农业禀赋层面，两类样本的指标数据均具有明显的差异。农地规模的样本均值差异在 10% 水平显著，农业劳动力的样本均值差异在 5% 水平显著。相较口头合约样本，正式合约样本的平均农地规模多出 40.3 亩，平均农业劳动力数多 0.1 个。由此可知，正式合约市场的发育在一定程度上助推了农户进行农业规模经营。

表9-3　合约安排异质性下农户禀赋特征比较

指标类别	变量名称	全部样本	口头合约	正式合约	差值	T 值
融资规模	正式融资 / 万元	7.461	5.970	8.809	−2.838	0.145
	实物融资 / 万元	1.528	0.806	1.061	−0.255	0.328
	外部融资 / 万元	9.026	7.522	9.763	−2.241	0.252
个人禀赋	农户年龄 / 岁	55.846	56.457	55.680	0.777	0.298
	教育年限 / 年	8.676	8.523	8.797	−0.273	0.292
	社会资本（0-1）	0.401	0.424	0.385	0.038	0.298
	农业技能（0-1）	0.563	0.555	0.556	−0.001	0.972
家庭禀赋	家庭收入 / 万元	31.369	27.223	32.061	−4.836	0.263
农业禀赋	农地规模 / 亩	214.077	179.881	220.159	−40.278	0.101
	农业劳动力 / 个	1.671	1.587	1.704	−0.117	0.055

　　我们构建了一个系统动态图来表示表9-2和表9-3中的差距和结果，具体而言，明确了"实物融资－农业发展"的因果路径，区分了农村金融体系、农户信誉体系和优质农业发展体系。其中，农村金融体系主要包括正式融资和实物融资两部分，农户信誉体系包括信誉积累成本和"可耻"心态，优质农业发展体系包括农户从事农业规模化经营和农村农资市场发展两部分。图9-1显示了高声望农户实物融资与正式融资关系演变为互补关系的因果依赖关系图，其特征为如下图所示的三条因果依赖回路和两条因果依赖链。

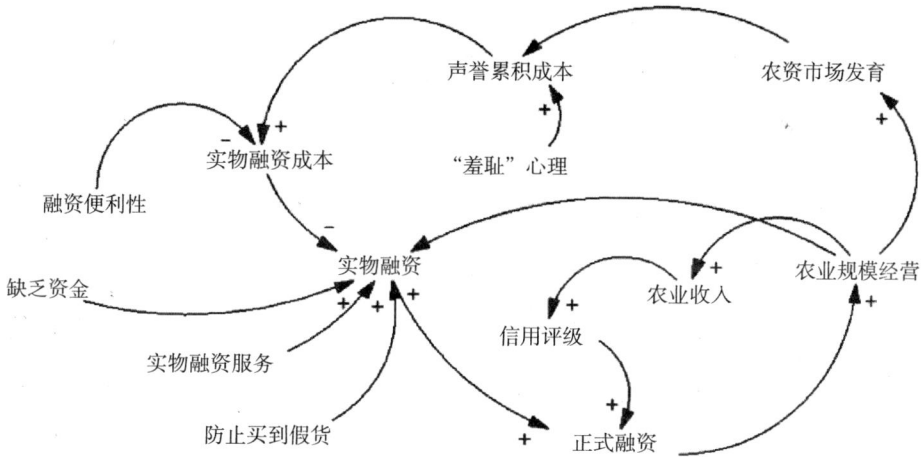

图 9-1 "实物融资—农业发展"动力系统图

（1）农资市场发育（agricultural supplies market development）→（－）声誉积累成本（prestige accumulating cost）→（－）实物融资成本（physical financing cost）→（＋）实物融资（physical financing）→（＋）正式融资（formal financing）→（＋）农业规模经营（agricultural scale operation）→（＋）农业资本市场发展（agricultural capital market development）是一个正循环，反映随着农资市场的发展，信誉积累成本降低，农户参与实物融资的成本降低，农户参与实物融资的积极性提高。将更多的资金投入农业规模化经营中，进一步提高了农资市场的发展水平。

（2）农业规模经营（agricultural scale operation）→（＋）农业收入（agricultural income）→（＋）信用评级（credit rating）→（＋）正式融资（formal financing）→（＋）农业规模经营（agricultural scale operation）是一个正循环。具体表现为随着农业规模经营的改善，农户的农业收入和资产增加，其抵御风险的能力增强。随着信用评级提高，金融机构放贷的积极性也提高，从而使正式融资增加，继而进一步提高农业规模化经营水平。

（3）农业规模经营（agricultural scale operation）→（＋）实物融资（physical financing）→（＋）正规融资（formal financing）→（＋）农业规模经营（agricultural scale operation）是一个正循环，体现了农业规模经营与农村金融发展相互促进的关系。

（4）"羞耻"心态（"shameful" mentality）→（+）声誉成本（prestige cost）→（+）实物融资成本（physical financing cost）→（-）实物融资（physical financing）是一个负向的环节，反映了"可耻"心态与农户参与实物融资的负向关系。

（5）融资便利性（financing convenience）→（-）实物融资成本（physical financing cost）→（-）实物融资（physical financing）是正相关的环节，反映了融资便利性与农户参与实物融资之间的正相关关系。

第二节　正式融资与实物融资的关系

本节的实证分析由三部分构成：模型与变量设定、变量描述与统计、实证结果分析。本节将运用两部门模型回归检验假说八和假说九，得到的结论与政策建议将成为约束缓解机制部分的实践支撑。

一、模型与变量设定

本书借鉴 Duan 等、黄枫和李红的两部门模型，对实物融资和正式融资的关系进行估计，两部门模型的好处在于它将农户的正式融资决策行为分为两个阶段：第一阶段用二元 Logist 离散模型来估计分析实物融资对农户发生正式融资概率的影响；第二阶段在存在正式融资的情况下，估计实物融资对正式融资的定性与定量影响。

第一阶段为 Logist 模型，具体模型建立如下：

$$P(L_B \mid L_S, X_i, contract_i) = \Phi[\alpha_1 + \alpha_2 L_S + \alpha_3 X_i + \alpha_4 contract_i] \tag{9-1}$$

式中，L_B 表示正式融资规模；L_S 表示实物融资规模；i 表示第 i 个农户样本；X_i 表示一系列控制变量；$contract_i$ 表示农户缔约的合约类型；α_1、α_2、α_3、α_4 用以表示变量间的正负关系。对于具体的数量关系，本书将进一步通过计算获取。

第二阶段为 OLS 模型，具体模型建立如下：

$$P[\ln(L_B) \,|\, L_B > 0, L_S, X_i] = \Phi[\beta_1 + \beta_2 L_S + \beta_3 X_i] \qquad （9-2）$$

式中，β_1、β_2、β_3 用以表示变量间的大小关系。由于实物融资与正式融资可能存在内生性。实证研究首先在不考虑合约安排的情况下，分析实物融资与正式融资关系；第二阶段会重点分析合约安排对实物融资和正式融资关系的影响[1]。

二、变量描述与统计

表 9-4 为实证检验用到的变量描述性统计，对每个变量的均值、标准差、最大值、最小值进行描述性统计。

表 9-4　变量名称与定义

变量类型	变量名称	变量定义
因变量	正式融资参与	农户是否参与正式融资，未参与 –0，参与 –1
	正式融资总规模	农户使用正式融资的总规模 / 万元
	正式融资亩均规模	农户使用正式融资的亩均规模 / 万元
核心自变量	实物融资	农户使用实物融资的规模 / 万元
控制变量	年龄	户主的年龄 / 岁
	教育年限	户主的受教育程度 / 年
	家庭收入	家庭年均总收入 / 万元
	社会资本	农户是否当过村干部，未当过村干部 –0，当过村干部 –1
	农业技能	农户是否受过农业技能培训，未受过农业技能培训 –0，受过农业技能培训 –1
	地区	扬州 –0，南通 –1
工具变量	农资市场竞争	村庄与邻村农资店数量 / 个
分组变量	合约安排	口头合约 –0，正式合约 –1

---

[1]　基于两部门模型的实证回归结果包含三个样本，全样本、剔除正式合约农户的样本和只包含正式合约农户的样本，由此对口头合约下实物融资与正式融资的替代关系、正式合约下实物融资与正式融资的互补关系进行检验。

（一）因变量

由于农村金融市场较单一，书中的正式融资即指银行信贷。农户使用正式融资被赋值为 1，没有使用正式融资被赋值为 0。本书不仅关心实物融资对正式融资使用可能性的影响，还进一步衡量实物融资对正式融资使用数量上的影响。因此，调查问卷询问了过去一年农户获得实物融资和正式融资的规模情况。

（二）核心自变量：实物融资及其工具变量

实物借贷是以实物为标准进行的借贷活动，即贷者把一定的实物贷给借者，借者到期以货币形式归还本金，并以货币形式支付利息。农户使用实物融资被赋值为 1，没有使用实物融资被赋值为 0。有效的工具变量应与内生性解释变量相关，考虑到样本为截面数据，无法运用内生变量的滞后一期项为工具变量[1]，本书选择农资市场竞争作为实物融资的工具变量。当地农资店数量可以在一定程度上决定农资市场的服务好坏和竞争程度，当村庄农资店越多时，农资市场竞争程度越激烈，农户参与实物融资的概率越高。在调查问卷中，本书以所在村庄及邻近村为乡土圈层范围，用农资供给者数量衡量乡土圈层农资市场的竞争程度，数量越多则竞争程度越高，数量越小则竞争程度越低。

有效的工具变量不仅应与内生性解释变量相关，还要外生于被解释变量。首先，长期以来中国的农资供给由供销社[2]承担，主要受政策调控影响、外生性较强。例如，2011 年，中国供销社系统初步建成了县、乡、村三级的经营服务网络，这显然是非完全市场化的农资供给。直至 2017 年，中国政府提出了 28 个省（区、市）32 家单位承担供销合作社综合改革专项试点任务（其中包含本书调研的江苏），这才真正实现了农资供给市场化。

---

[1]　内生变量的滞后一期项是已有文献寻找工具变量的一般做法。

[2]　1954 年 7 月，中华全国合作社召开了第一次代表大会，将中华全国合作社联合总社更名为中华全国供销合作总社，建立了全国统一的供销合作社系统，即后文中的供销社。

同时，本书的调研数据为 2015 年，此时调研农村还处于传统农资流通网点，75% 以上农资店有着供销社背景[1]，农资店供给数量不主要由市场决定。其次，农村正式金融供给的数量、位置、广度和深度很大程度上受政策制定影响较大，受农资市场影响程度较弱。因此，到 2015 年年底，中国农村的实物融资市场和正式融资市场发展互相直接或间接影响的程度有限。综上所述，本书调研的农资店数量可以衡量农资市场竞争程度且是一个有效的外生变量，它可以作为实物融资的工具变量。

（三）合约安排

在调查问卷中，衡量农户的合约安排的变量为实物融资交易双方的缔约类型，包括口头合约和正式合约两种，口头合约赋值为 0，书面合约赋值为 1。本书将以口头形式承诺和实物融资供给方单方面的融资交易记录归纳为口头合约，将有具体融资数额、归还时间和需求方签名记录的欠条或者 POS 单（专门用于刷卡 POS 机的转账付款凭证）的纸质承诺归纳为正式合约。

（四）控制变量

正式融资除了受实物融资的影响以外，还有一些需要重点考虑的变量，主要包括个人禀赋（户主的年龄和受教育年限）、家庭禀赋（家庭收入和社会资本）和农业禀赋（农业技能）以及地区值。

三、实证结果分析

我们利用 Duan 等和黄枫的经典两部模型来估计合同安排对实体融资和正式融资之间关系的影响。我们期望看到：①在不同的合同安排下，实体融资和正式融资之间存在替代或互补关系；②正式合同安排能够使两种来源之间通过声望渠道形成互补关系。

---

[1]　如经营者曾经有过供销社工作经历或经营场地曾为供销社经营场所。

表9-5报告了式（9-1）和式（9-2）的回归结果，为了便于解释，式（9-2）的回归结果为边际效应。其中，第一阶段估计结果显示，农资市场竞争程度作为工具变量，在第一阶段回归中高度显著，且弱工具变量检验的 F 值至少有一部分是大于10的，表明不存在弱工具变量的问题。因此，我们报告了工具变量法回归的结果。

表9-5　变量描述性统计

变量类型	变量名称	平均值	标准差	最小值	最大值
因变量	正式融资参与	0.525	0.501	0	1
	正式融资总规模	7.461	25.689	0	220
	正式融资亩均规模	0.049	0.264	0	2.500
核心自变量	实物融资	1.528	4.394	0	36
控制变量	年龄	55.846	10.001	32	75
	教育年限	8.676	3.455	0	19
	家庭收入	31.369	58.621	31.370	495
	社会资本	0.401	0.491	0	1
	农业技能	0.563	0.496	0	1
	地区	0.572	0.495	0	1
工具变量	农资市场竞争	1.838	1.162	0	7
分组变量	合约安排	0.405	0.492	0	1

表9-6的第（1）和（2）列展示了在口头合约安排下，实物融资对正式融资的参与概率和融资规模的回归结果，实物融资对正式融资的参与概率具有显著的替代性，实物融资对正式融资规模的影响不显著。具体地，若实物融资规模下降1万元，农户参与正式融资的概率上升5.3%。第（3）和（4）列展现了在正式合约安排下，实物融资对正式融资的参与概率和融资规模的回归结果，实物融资会显著增加农户参与正式融资的概率，实物融资增加农户使用正式融资的规模不显著。具体地，若实物融资规模下

降 1 万元，农户参与正式融资的概率上升 14.5%。上述实证结果符合我们的研究假说一和假说二，并且实物融资与正式融资的替代关系支持了 Hill 和张龙耀的研究结论，互补关系则与 Rahman 的研究结论一致。

表 9-6　合约安排对实物融资与正式融资关系的影响实证结果

自变量	口头合约		正式合约		正式合约 – 高声誉	
	(1)	(2)	(3)	(4)	(5)	(6)
实物融资	−0.053** (−2.080)	−0.003 (−0.140)	0.145*** (3.130)	0.002 (0.140)	0.269*** (3.240)	0.010*** (2.540)
年龄	−0.047*** (−2.690)	0.022 (1.250)	−0.056*** (−3.030)	0.012 (0.810)	−0.058*** (−2.790)	0.018 (0.750)
性别	0.555 (1.190)	0.382 (0.580)	0.634 (1.430)	−0.009 (−0.020)	0.234 (0.490)	−0.190 (−0.400)
教育年限	0.052 (1.040)	0.198** (2.220)	−0.025 (−0.580)	0.153*** (2.480)	−0.055 (−1.120)	−0.040 (−0.430)
家庭收入	0.008*** (3.250)	0.002 (1.100)	0.010*** (4.150)	0.003*** (2.530)	0.011*** (2.700)	0.003*** (2.770)
社会资本	0.260 (1.100)	−0.686* (−1.830)	0.673** (2.350)	−0.549* (−1.750)	0.805** (2.280)	−0.604 (−1.350)
农业技能	0.124 (0.550)	−0.129 (−0.420)	0.478** (2.150)	0.035 (0.140)	0.483* (1.660)	−0.209 (−0.520)
地区	−0.537** (−1.950)	1.035*** (3.570)	−0.349 (−1.340)	0.750*** (3.200)	−0.665** (−1.970)	0.540* (1.920)
截距项	2.292 (1.100)	−0.614 (−0.390)	1.352 (1.450)	0.310 (0.270)	0.770 (1.590)	2.094 (1.140)
农资市场竞争	0.480*** (2.880)	−0.040*** (−3.010)	0.130*** (3.510)	−0.138* (−1.860)	0.903*** (3.130)	−0.141*** (−4.300)

自变量	口头合约		正式合约		正式合约 – 高声誉	
	(1)	(2)	(3)	(4)	(5)	(6)
若工具变量检验	16.789***	32.466***	87.059***	106.369***	12.892***	10.410***
N	194	57	206	83	148	68
R^2	37.05%		34.63%			
调整后 R^2	28.23%		28.61%			

注：①本部分为两部分模型。第 (1) 和 (2) 列为口头合同样本，第 (3) 和 (4) 列为正式合同样本，第 (5) 和 (6) 列为与高声誉农户签订的正式合同样本。(1)(3)(5) 列的因变量为 wfc(正式融资参与)，其中 1 表示农户参与了正式融资，0 表示农户没有参与。(2)(4)(6) 列的因变量为正式融资总规模，定义为农户正式融资的总规模。核心自变量为实物融资总规模。进一步控制农户及其家庭相关禀赋的影响。在这些控制变量中，个人禀赋包括年龄和教育年限，而家庭禀赋包括家庭收入和社会资本，农业禀赋包括农业技能和地区。② "nas" 行和 "weak" 行报告了工具变量的回归系数统计，Cragg - Donald Wald 弱识别 F 检验，它们各自的显著性水平在它们的正下方行。③ *、**、*** 分别表示 10%、5%、1% 显著水平，Z 值在括号中报告。

为了进一步检验假说二中的声誉机制，我们将单独对高声誉农户样本进行实证回归。第（5）和（6）列报告了在正式合约安排下，基于高声誉农户样本，实物融资对正式融资的参与概率和融资规模的回归结果，实物融资会显著增加农户参与正式融资的概率，且实物融资可以显著增加农户的正式融资规模。具体地，如果农户的实物融资规模上升 1 万元，农户参与正式融资的概率上升 26.9%，农户使用正式融资的总规模上升 1.0%。因此，我们的实证结果进一步证实了假说二，正式合约安排促使实物融资与正式融资之间具有互补关系，并且由声誉 channel 产生。

在结束我们的分析之前，我们进行了替换因变量法和截取子样本法来评估我们模型的稳健性。在截取子样本法中，由于 Wu-Hausman 检验在

10%的显著水平下未拒绝实物融资为外生变量的原假设，我们不再报告工具变量法回归结果。

首先，我们使用了人均正式融资规模替换原因变量考察实物融资与正式融资的关系。如表9-7所示，与主要结果基本保持一致，即正式合约安排促使实物融资与正式融资具有互补关系，声誉是正式合约安排产生作用的重要通道。

表 9-7　稳健性检验 I

自变量	口头合约		正式合约		正式合约 – 高声誉	
	(1)	(2)	(3)	(4)	(5)	(6)
实物融资	−0.053** (−2.080)	−0.026** (−2.780)	0.145*** (3.130)	0.018 (0.290)	0.269*** (3.240)	0.010*** (2.900)
年龄	−0.047*** (−2.690)	0.003 (1.220)	−0.056*** (−3.030)	0.006 (0.630)	−0.058*** (−2.790)	0.028** (2.190)
性别	0.555 (1.190)	0.182 (0.580)	0.634 (1.430)	−0.080 (−0.020)	0.234 (0.490)	−0.190 (−0.400)
教育年限	0.052 (1.040)	0.150* (2.750)	−0.025 (−0.580)	0.123** (1.990)	−0.055 (−1.120)	0.125 (1.250)
家庭收入	0.008*** (3.250)	0.003*** (−4.060)	0.010*** (4.150)	0.004*** (−2.660)	0.011*** (2.700)	0.004*** (−3.440)
社会资本	0.260 (1.100)	−0.465 (−0.760)	0.673** (2.350)	−0.567 (0.270)	0.805** (2.280)	−0.046 (−0.520)
农业技能	0.124 (0.550)	0.024 (0.180)	0.478** (2.150)	0.107 (1.020)	0.483* (1.660)	0.125 (1.240)
地区	−0.537** (−1.950)	0.695*** (2.600)	−0.349 (−1.340)	0.519** (2.290)	−0.665** (−1.970)	0.471 (1.140)

续表

自变量	口头合约		正式合约		正式合约 – 高声誉	
	(1)	(2)	(3)	(4)	(5)	(6)
截距项	2.292 （1.100）	−0.524 （1.160）	1.352 （1.450）	0.768 （1.280）	2.270* （1.590）	2.048 （1.630）
第一阶段						
农资市场竞争	0.480*** （2.880）	−0.135*** （−3.070）	0.130*** （3.340）	−0.135* （−1.880）	0.903*** （3.130）	−0.234*** （−4.040）
若工具变量检验	16.789***	32.466***	87.059***	106.369***	12.892***	10.410***
N	194	57	206	83	148	68
R^2	38.82%		21.40%		44.61%	
调整后 R^2	30.25%		14.16%		29.70%	

注：①本部分为两部分模型。第 (1) 和 (2) 列为口头合同样本，第 (3) 和 (4) 列为正式合同样本，第 (5) 和 (6) 列为与高声誉农户签订的正式合同样本。(1)(3)(5) 列的因变量为正式融资参与，其中 1 表示农户参与了正式融资，0 表示农户没有参与。(2)(4)(6) 列的因变量为人均正式融资规模，定义为农户正式融资的总规模。核心自变量为实物融资总规模。进一步控制农户及其家庭相关禀赋的影响。在这些控制变量中，个人禀赋包括年龄和教育年限，而家庭禀赋包括家庭收入和社会资本，农业禀赋包括农业技能和地区。②"nas"行和"weak"行报告了工具变量的回归系数统计，Cragg‒Donald Wald 弱识别 F 检验，它们各自的显著性水平在它们的正下方行。③*、**、*** 分别表示 10%、5%、1% 显著水平，Z 值在括号中报告。

其次，基于中国农村家庭资产水平分布情况，我们考虑使用 50 万元[1]以上家庭资产水平子样本，这有助于帮助我们理解债务融资缓解资金约束问题的重要性。表 9-8 给出了使用这个子样本的估计结果。令人欣喜的是，

---

[1] 2017 年《中国家庭金融调查报告》指出农村家庭户均资产规模达到约 50 万元。

我们发现表 9-8 中的所有主要结果在质量上保持稳健，表 9-8 中的数值更大。这符合财富水平正向影响家庭正式融资能力的研究结论。

表 9-8　稳健性检验 II

自变量	口头合约		正式合约		正式合约 – 高声誉	
	(1)	(2)	(3)	(4)	(5)	(6)
实物融资	−0.078** (−2.020)	0.083 (0.050)	0.153*** (2.680)	0.017 (1.230)	0.421*** (2.820)	0.023*** (2.900)
年龄	−0.070** (−2.220)	0.034 (1.540)	−0.070*** (−2.820)	0.014 (0.970)	−0.177*** (−2.690)	0.055** (2.190)
性别	–	–	1.023** (1.95)	−0.315 (−0.410)	0.593 (0.790)	−1.135 (−1.45)
教育年限	0.069 (0.890)	0.354*** (3.570)	−0.006 (−0.060)	0.166** (2.750)	−0.240 (−1.590)	0.066 (0.610)
家庭收入	0.009** (2.270)	0.002 (1.250)	0.009*** (2.530)	0.002 (1.220)	0.014*** (2.700)	0.003** (1.900)
社会资本	1.266*** (2.810)	−0.860** (−1.970)	1.064*** (2.680)	−0.442 (−1.460)	2.837*** (2.980)	0.646 (1.110)
农业技能	0.443 (0.880)	0.247 (0.580)	0.645* (1.880)	0.193 (0.800)	0.880 (1.530)	0.525 (1.240)
地区	−0.938** (−1.970)	1.761*** (4.860)	−0.652** (−1.630)	0.909*** (3.950)	−2.148*** (−2.730)	0.471 (1.140)

续表

自变量	口头合约		正式合约		正式合约 – 高声誉	
	(1)	(2)	(3)	(4)	(5)	(6)
截距项	1.996 （0.930）	−3.117* （−1.870）	1.492 （0.630）	−0.119 （−0.110）	9.480** （2.120）	4.048** （1.910）
样本容量	92	35	117	50	81	41
R^2	44.70%		38.95%		45.20%	
调整后 R^2	35.90%		33.02%		32.34%	

注：①本部分为两部分模型。第 (1) 和 (2) 列为口头合同样本，第 (3) 和 (4) 列为正式合同样本，第 (5) 和 (6) 列为与高声誉农户签订的正式合同样本。(1)(3)(5) 列的因变量为正式融资参与，其中 1 表示农户参与了正式融资，0 表示农户没有参与。(2)(4)(6) 列的因变量为正式融资总规模，定义为农户正式融资的总规模。核心自变量为实物融资总规模。进一步控制农户及其家庭相关禀赋的影响。在这些控制变量中，个人禀赋包括年龄和教育年限，而家庭禀赋包括家庭收入和社会资本，农业禀赋包括农业技能和地区。② "nas" 行和 "weak" 行报告了工具变量的回归系数统计，Cragg – Donald Wald 弱识别 F 检验，它们各自的显著性水平在它们的正下方行。③ *、**、*** 分别表示 10%、5%、1% 显著水平，Z 值在括号中报告。

最后，主要结果是基于流入农地面积大于 10 亩的农户样本，理论上讲，这与真正的农业规模经营还有较大差距。因此，为了多维度地估计出正式合约安排对实物融资与正式融资关系的影响，我们进一步使用 50 亩[1] 以上农地面积的子样本进行再次验证。表 9-8 给出了相应的估计结果。毫不奇怪，我们发现表 9-9 中的所有主要结果在质量上保持稳健。这符合农业

[1]　中国长江下游地区土地规模较低、细碎化程度较高，水稻种植家庭农场的规模下限为 50 亩。

规模经营离不开债务融资的预期。

表 9-9　稳健性检验 Ⅲ

自变量	口头合约		正式合约		正式合约 – 高声誉	
	(1)	(2)	(3)	(4)	(5)	(6)
实物融资	−0.058** (−2.100)	−0.016 (−0.310)	0.122*** (2.680)	0.005 (1.230)	0.264*** (2.760)	0.006** (1.890)
年龄	−0.037** (−1.900)	0.029* (1.690)	−0.059*** (−2.820)	0.014 (0.970)	−0.059** (−1.070)	0.024 (0.990)
性别	0.702 (1.500)	0.479 (0.780)	0.759* (1.830)	0.004 (0.010)	0.412 (0.930)	−0.162 (−0.36)
教育年限	0.049 (0.880)	0.211*** (2.460)	−0.060 (−1.380)	0.166*** (2.750)	−0.072 (−1.060)	0.136* (1.850)
家庭收入	0.007*** (2.770)	0.001 (0.590)	0.008*** (3.290)	0.002** (2.220)	0.009*** (2.910)	0.003*** (2.350)
社会资本	0.229 (0.780)	−0.473 (−1.280)	0.982*** (2.680)	−0.442 (−1.460)	1.039*** (2.700)	0.004 (0.150)
农业技能	0.272 (1.540)	0.179 (0.580)	0.653*** (2.950)	0.193 (0.800)	0.585* (1.920)	−0.039 (−0.090)
地区	−0.858*** (−2.810)	1.286*** (4.350)	−0.721** (−2.230)	0.889*** (3.950)	−1.018*** (−2.650)	0.772*** (2.810)
截距项	0.507 (0.840)	−1.422 (−0.940)	2.099 (1.970)	−0.119 (−0.110)	2.750 (1.280)	0.799 (0.380)

续表

自变量	口头合约		正式合约		正式合约–高声誉	
	(1)	(2)	(3)	(4)	(5)	(6)
样本容量	147	54	165	83	122	66
R^2	44.70%		38.95%		35.20%	
调整后 R^2	35.90%		31.02%		25.34%	

注：①本部分为两部分模型。第 (1) 和 (2) 列为口头合同样本，第 (3) 和 (4) 列为正式合同样本，第 (5) 和 (6) 列为与高声誉农户签订的正式合同样本。(1)(3)(5) 列的因变量为正式融资参与，其中 1 表示农户参与了正式融资，0 表示农户没有参与。(2)(4)(6) 列的因变量为正式融资总规模，定义为农户正式融资的总规模。核心自变量为实物融资总规模。进一步控制农户及其家庭相关禀赋的影响。在这些控制变量中，个人禀赋包括年龄和教育年限，而家庭禀赋包括家庭收入和社会资本，农业禀赋包括农业技能和地区。② "nas" 行和 "weak" 行报告了工具变量的回归系数统计，Cragg - Donald Wald 弱识别 F 检验，它们各自的显著性水平在它们的正下方行。③ *、**、*** 分别表示 10%、5%、1% 显著水平，Z 值在括号中报告。

第三节 本章小结

本研究的理论研究表明：①签订实物融资合同的成本包括事前成本和事后成本。对于高信誉农户来说，口头合同增加了签约前的信誉积累成本和违约时的信誉损失。因此，积累声誉的高成本是农民不从事实物融资的重要原因。②实物融资合同的正规化降低了高信誉农户参与实物融资的成本，促进实物融资与正式融资形成互补关系。也就是说，正规化的合同安排通过信誉机制降低了高信誉农民的实物融资成本，增加了农民参与实物融资的倾向，使实物融资与正式融资相辅相成。本研究的实证研究结果通过全样本和子样本验证了理论假设。在口头合同下，实物融资与正式融资之间存在替代关系，合同的正式化促进了实物融资与正式融资之间的互补关系。

本章进一步提出三条重要的政策建议：①当前的中国农村金融市场中，实物融资是正式融资的互补性融资渠道。同时，实物融资不仅支持受信贷约束农户的农业生产，也为不受信贷约束的农户提供了资金融通。因此，以实物融资与正式融资相结合的融资方式，更有利于推动以农户为主体的农业规模经营发展。②我们在金融契约理论中新增声誉心理因素，为解释合约安排如何影响实物融资与正式融资关系提供了新渠道。也为我国政府的"十四五"规划制定农村金融政策来支持农业规模经营发展和缩小城乡收入差距提供了理论依据。③我们提供了直接证据证实了农村金融市场中实物融资与正式融资之间存在替代或互补关系。为了使二者相互配合共同协调发展，政府应制定更多样化的正式贷款政策来对应不同农业规模经营的贷款需求、缓解融资约束，与实物融资共同推动农业规模经营的发展（图 9-2）。

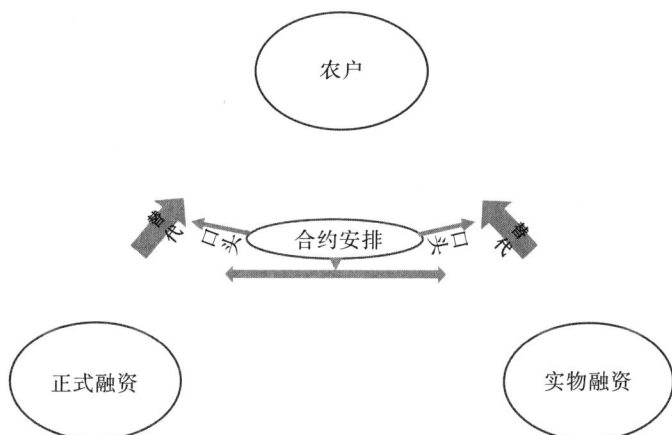

图 9-2　正式融资与实物融资关系的概念图

本研究的政策启示是在推进乡村振兴战略的背景下缩小城乡收入差距。实物融资在农民发展大规模农业经营中起着重要的支撑作用。合同安排的正规化促使农村社会实物融资与正式融资的关系发生了变化。在传统的口头合约中，农户经营规模较小，对外部融资的需求较低。实物融资是正式融资的有效替代办法。从正规融资强度来看，实物融资和正规融资具有显著的替代效应。随着实物融资合同的正规化，实物融资与正式融资是互补的，即两种融资来源共同支持农民的大规模农业经营。由此可见，实物融资是满足农民外部融资需求的重要来源。当前，在制定促进农业现代化的农村金融政策时，应充分考虑引导、合作甚至保护农村社会内生的实物融资体系，促进非正式体系与正式体系的融合，以替代、补充的方式稳定支持乡村振兴。

第十章　农业规模经营的约束缓解机制：基于正规融资创新视角

第一节　引　言

正规金融作为乡村经济建设的重要组成部分，农村金融服务工作的顺利进行，能够实际解决农民贷款的相关难题是国内经济制度改革的重中之重。2006—2017 年，"中央一号文件"提出了有关农户贷款的政策（表 10-1），农村金融的改革主要有以下两个方面：①相关机构的改革创新，积极推广吸引社会各界投资"三农"金融体系；②金融产品销售和服务改革，强力推广小额贷款、微型金融服务等，改革要选用适合乡村自身特点的担保方法和手段，构建多元素担保系统，有效辅助农户完成"农业适度规模经营"方式转变。

表 10-1 2006-2017 年"中央一号文件"政策一览表

年份	政策内容
2006	巩固和发展农村信用社改革试点成果，进一步完善治理结构和运行机制。县域内各金融机构在保证资金安全的前提下，将一定比例的新增存款投放当地，支持农业和农村经济发展，有关部门要抓紧制定管理办法。扩大邮政储蓄资金的自主运用范围，引导邮政储蓄资金返还农村。调整农业发展银行职能定位，拓宽业务范围和资金来源。国家开发银行要支持农村基础设施建设和农业资源开发。继续发挥农业银行支持农业和农村经济发展的作用。在保证资本金充足、严格金融监管和建立合理有效的退出机制的前提下，鼓励在县域内设立多种所有制的社区金融机构，允许私有资本、外资等参股。大力培育由自然人、企业法人或社团法人发起的小额贷款组织，有关部门要抓紧制定管理办法。引导农户发展资金互助组织。规范民间借贷。稳步推进农业政策性保险试点工作，加快发展多种形式、多种渠道的农业保险。各地可通过建立担保基金或担保机构等办法，解决农户和农村中小企业贷款抵押担保难问题，有条件的地方政府可给予适当扶持。
2007	加快制定农村金融整体改革方案，努力形成商业金融、合作金融、政策性金融和小额贷款组织互为补充、功能齐备的农村金融体系，探索建立多种形式的担保机制，引导金融机构增加对"三农"的信贷投放。加大支农资金整合力度，抓紧建立支农投资规划、计划衔接和部门信息沟通工作机制，完善投入管理办法，集中用于重点地区、重点项目，提高支农资金使用效益。要注重发挥政府资金的带动作用，引导农民和社会各方面资金投入农村建设。加快农业投入立法进程，加强执法检查。

年份	政策内容
2008	加快推进调整放宽农村地区银行业金融机构准入政策试点工作。加大农业发展银行支持"三农"的力度。推进农业银行改革。继续深化农村信用社改革，加大支持力度，完善治理结构，维护和保持县级联社的独立法人地位。邮政储蓄银行要通过多种方式积极扩大涉农业务范围。积极培育小额信贷组织，鼓励发展信用贷款和联保贷款。通过批发或转贷等方式，解决部分农村信用社及新型农村金融机构资金来源不足的问题。加快落实县域内银行业金融机构将一定比例新增存款投放当地的政策。推进农村担保方式创新，扩大有效抵押品范围，探索建立政府支持、企业和银行多方参与的农村信贷担保机制。制定符合农村信贷业务特点的监管制度。加强财税、货币政策的协调和支持，引导各类金融机构到农村开展业务。完善政策性农业保险经营机制和发展模式。建立健全农业再保险体系，逐步形成农业巨灾风险转移分担机制。
2009	抓紧制定鼓励县域内银行业金融机构新吸收的存款主要用于当地发放贷款的实施办法，建立独立考核机制。在加强监管、防范风险的前提下，加快发展多种形式新型农村金融组织和以服务农村为主的地区性中小银行。鼓励和支持金融机构创新农村金融产品和金融服务，大力发展小额信贷和微型金融服务，农村微小型金融组织可通过多种方式从金融机构融入资金。积极扩大农村消费信贷市场。依法开展权属清晰、风险可控的大型农用生产设备、林权、四荒地使用权等抵押贷款和应收账款、仓单、可转让股权、专利权、商标专用权等权利质押贷款。抓紧出台对涉农贷款定向实行税收减免和费用补贴、政策性金融对农业中长期信贷支持、农民专业合作社开展信用合作试点的具体办法。放宽金融机构对涉农贷款的呆账核销条件。加快发展政策性农业保险，扩大试点范围、增加险种，加大中央财政对中西部地区保费补贴力度，加快建立农业再保险体系和财政支持的巨灾风险分散机制，鼓励在农村发展互助合作保险和商业保险业务。探索建立农村信贷与农业保险相结合的银保互动机制。

续表

年份	政策内容
2010	加强财税政策与农村金融政策的有效衔接,引导更多信贷资金投向"三农",切实解决农村融资难问题。落实和完善涉农贷款税收优惠、定向费用补贴、增量奖励等政策。进一步完善县域内银行业金融机构新吸收存款主要用于当地发放贷款政策。加大政策性金融对农村改革发展重点领域和薄弱环节支持力度,拓展农业发展银行支农领域,大力开展农业开发和农村基础设施建设中长期政策性信贷业务。农业银行、农村信用社、邮政储蓄银行等银行业金融机构都要进一步增加涉农信贷投放。积极推广农村小额信用贷款。加快培育村镇银行、贷款公司、农村资金互助社,有序发展小额贷款组织,引导社会资金投资设立适应"三农"需要的各类新型金融组织。抓紧制定对偏远地区新设农村金融机构费用补贴等办法,确保3年内消除基础金融服务空白乡镇。针对农业农村特点,创新金融产品和服务方式,搞好农村信用环境建设,加强和改进农村金融监管。建立农业产业发展基金。积极扩大农业保险保费补贴的品种和区域覆盖范围,加大中央财政对中西部地区保费补贴力度。鼓励各地对特色农业、农房等保险进行保费补贴。发展农村小额保险。健全农业再保险体系,建立财政支持的巨灾风险分散机制。支持符合条件的涉农企业上市。
2012	加大农村金融政策支持力度,持续增加农村信贷投入,确保银行业金融机构涉农贷款增速高于全部贷款平均增速。完善涉农贷款税收激励政策,健全金融机构县域金融服务考核评价办法,引导县域银行业金融机构强化农村信贷服务。大力推进农村信用体系建设,完善农户信用评价机制。深化农村信用社改革,稳定县(市)农村信用社法人地位。发展多元化农村金融机构,鼓励民间资本进入农村金融服务领域,支持商业银行到中西部地区县域设立村镇银行。有序发展农村资金互助组织,引导农民专业合作社规范开展信用合作。完善符合农村银行业金融机构和业务特点的差别化监管政策,适当提高涉农贷款风险容忍度,实行适度宽松的市场准入、弹性存贷比政策。继续发展农户小额信贷业务,加大对种养大户、农民专业合作社、县域小型微型企业的信贷投放力度。加大对科技型农村企业、科技特派员下乡创业的信贷支持力度,积极探索农业科技专利质押融资业务。支持农业发展银行加大对农业科技的贷款力度。鼓励符合条件的涉农企业开展直接融资,积极发展涉农金融租赁业务。扩大农业保险险种和覆盖面,开展设施农业保费补贴试点,扩大森林保险保费补贴试点范围,扶持发展渔业互助保险,鼓励地方开展优势农产品生产保险。健全农业再保险体系,逐步建立中央财政支持下的农业大灾风险转移分散机制。

年份	政策内容
2013	加强国家对农村金融改革发展的扶持和引导，切实加大商业性金融支农力度，充分发挥政策性金融和合作性金融作用，确保持续加大涉农信贷投放。创新金融产品和服务，优先满足农户信贷需求，加大新型生产经营主体信贷支持力度。加强财税杠杆与金融政策的有效配合，落实县域金融机构涉农贷款增量奖励、农村金融机构定向费用补贴、农户贷款税收优惠、小额担保贷款贴息等政策。稳定县（市）农村信用社法人地位，继续深化农村信用社改革。探索农业银行服务"三农"新模式，强化农业发展银行政策性职能定位，鼓励国家开发银行推动现代农业和新农村建设。支持社会资本参与设立新型农村金融机构。改善农村支付服务条件，畅通支付结算渠道。加强涉农信贷与保险协作配合，创新符合农村特点的抵（质）押担保方式和融资工具，建立多层次、多形式的农业信用担保体系。扩大林权抵押贷款规模，完善林业贷款贴息政策。健全政策性农业保险制度，完善农业保险保费补贴政策，加大对中西部地区、生产大县农业保险保费补贴力度，适当提高部分险种的保费补贴比例。开展农作物制种、渔业、农机、农房保险和重点国有林区森林保险保费补贴试点。推进建立财政支持的农业保险大灾风险分散机制。支持符合条件的农业产业化龙头企业和各类农业相关企业通过多层次资本市场筹集发展资金。
2014	稳定大中型商业银行的县域网点，扩展乡镇服务网络，根据自身业务结构和特点，建立适应"三农"需要的专门机构和独立运营机制。强化商业金融对"三农"和县域小微企业的服务能力，扩大县域分支机构业务授权，不断提高存贷比和涉农贷款比例，将涉农信贷投放情况纳入信贷政策导向效果评估和综合考评体系。稳步扩大农业银行三农金融事业部改革试点。鼓励邮政储蓄银行拓展农村金融业务。支持农业发展银行开展农业开发和农村基础设施建设中长期贷款业务，建立差别监管体制。增强农村信用社支农服务功能，保持县域法人地位长期稳定。积极发展村镇银行，逐步实现县市全覆盖，符合条件的适当调整主发起行与其他股东的持股比例。支持由社会资本发起设立服务"三农"的县域中小型银行和金融租赁公司。对小额贷款公司，要拓宽融资渠道，完善管理政策，加快接入征信系统，发挥支农支小作用。支持符合条件的农业企业在主板、创业板发行上市，督促上市农业企业改善治理结构，引导暂不具备上市条件的高成长性、创新型农业企业到全国中小企股份转让系统进行股权公开挂牌与转让，推动证券期货经营机构开发适合"三农"的个性化产品。

年份	政策内容
2015	要主动适应农村实际、农业特点、农民需求，不断深化农村金融改革创新。综合运用财政税收、货币信贷、金融监管等政策措施，推动金融资源继续向"三农"倾斜，确保农业信贷总量持续增加、涉农贷款比例不降低。完善涉农贷款统计制度，优化涉农贷款结构。延续并完善支持农村金融发展的有关税收政策。开展信贷资产质押再贷款试点，提供更优惠的支农再贷款利率。鼓励各类商业银行创新"三农"金融服务。农业银行三农金融事业部改革试点覆盖全部县域支行。农业发展银行要在强化政策性功能定位的同时，加大对水利、贫困地区公路等农业农村基础设施建设的贷款力度，审慎发展自营性业务。国家开发银行要创新服务"三农"融资模式，进一步加大对农业农村建设的中长期信贷投放。提高农村信用社资本实力和治理水平，牢牢坚持立足县域、服务"三农"的定位。鼓励邮政储蓄银行拓展农村金融业务。提高村镇银行在农村的覆盖面。积极探索新型农村合作金融发展的有效途径，稳妥开展农民合作社内部资金互助试点，落实地方政府监管责任。做好承包土地的经营权和农民住房财产权抵押担保贷款试点工作。鼓励开展"三农"融资担保业务，大力发展政府支持的"三农"融资担保和再担保机构，完善银担合作机制。支持银行业金融机构发行"三农"专项金融债，鼓励符合条件的涉农企业发行债券。开展大型农机具融资租赁试点。完善对新型农业经营主体的金融服务。强化农村普惠金融。继续加大小额担保财政贴息贷款等对农村妇女的支持力度。
2016	加快构建多层次、广覆盖、可持续的农村金融服务体系，发展农村普惠金融，降低融资成本，全面激活农村金融服务链条。进一步改善存取款、支付等基本金融服务。稳定农村信用社县域法人地位，提高治理水平和服务能力。开展农村信用社省联社改革试点，逐步淡出行政管理，强化服务职能。鼓励国有和股份制金融机构拓展"三农"业务。深化中国农业银行三农金融事业部改革，加大"三农"金融产品创新和重点领域信贷投入力度。发挥国家开发银行优势和作用，加强服务"三农"融资模式创新。强化中国农业发展银行政策性职能，加大中长期"三农"信贷投放力度。支持中国邮政储蓄银行建立三农金融事业部，打造专业化为农服务体系。创新村镇银行设立模式，扩大覆盖面。引导互联网金融、移动金融在农村规范发展。扩大在农民合作社内部开展信用合作试点的范围，健全风险防范化解机制，落实地方政府监管责任。开展农村金融综合改革试验，探索创新农村金融组织和服务。发展农村金融租赁业务。在风险可控前提下，稳妥有序推进农村承包土地的经营权和农民住房财产权抵押贷款试点。积极发展林权抵押贷款。创设农产品期货品种，开展农产品期权试点。支持涉农企业依托多层次资本市场融资，加大债券市场服务"三农"力度。全面推进农村信用体系建设。加快建立"三农"融资担保体系。完善中央与地方双层金融监管机制，切实防范农村金融风险。强化农村金融消费者风险教育和保护。完善"三农"贷款统计，突出农户贷款、新型农业经营主体贷款、扶贫贴息贷款等。

年份	政策内容
2017	强化激励约束机制，确保"三农"贷款投放持续增长。支持金融机构增加县域网点，适当下放县域分支机构业务审批权限。对涉农业务较多的金融机构，进一步完善差别化考核办法。落实涉农贷款增量奖励政策。支持农村商业银行、农村合作银行、村镇银行等农村中小金融机构立足县域，加大服务"三农"力度，健全内部控制和风险管理制度。规范发展农村资金互助组织，严格落实监管主体和责任。开展农民合作社内部信用合作试点，鼓励发展农业互助保险。支持国家开发银行创新信贷投放方式。完善农业发展银行风险补偿机制和资本金补充制度，加大对粮食多元市场主体入市收购的信贷支持力度。深化农业银行三农金融事业部改革，对达标县域机构执行优惠的存款准备金率。加快完善邮储银行三农金融事业部运作机制，研究给予相关优惠政策。抓紧研究制定农村信用社省联社改革方案。优化村镇银行设立模式，提高县市覆盖面。鼓励金融机构积极利用互联网技术，为农业经营主体提供小额存贷款、支付结算和保险等金融服务。推进信用户、信用村、信用乡镇创建。支持金融机构开展适合新型农业经营主体的订单融资和应收账款融资业务。深入推进承包土地的经营权和农民住房财产权抵押贷款试点，探索开展大型农机具、农业生产设施抵押贷款业务。加快农村各类资源资产权属认定，推动部门确权信息与银行业金融机构联网共享。持续推进农业保险扩面、增品、提标，开发满足新型农业经营主体需求的保险产品，采取以奖代补方式支持地方开展特色农产品保险。鼓励地方多渠道筹集资金，支持扩大农产品价格指数保险试点。探索建立农产品收入保险制度。支持符合条件的涉农企业上市融资、发行债券、兼并重组。在健全风险阻断机制前提下，完善财政与金融支农协作模式。鼓励金融机构发行"三农"专项金融债。扩大银行与保险公司合作，发展保证保险贷款产品。深入推进农产品期货、期权市场建设，积极引导涉农企业利用期货、期权管理市场风险，稳步扩大"保险＋期货"试点。严厉打击农村非法集资和金融诈骗。积极推动农村金融立法。

根据农村实践调查数据，在我国农村金融改革过程中，一方面，农户面临着需求方信贷约束，也就是说农户担心不能按照预算偿还贷款，或者担心贷款申请不能被批准而受到约束，进而放弃申请；另一方面，农户还面临着供给方信贷约束，即能够获得部分而非全部信贷，信贷约束在生产

经营过程中的持续存在制约了农户农业生产要素投入的增加和经营绩效的提升。而信贷约束的缓解有利于提升农户农业规模经营绩效，包括农地生产率的提高和规模经济的形成。也就是说，彻底解决农户现阶段面对的贷款方面的难题有利于我国粮食作物规模经营效益的提升和成本的降低。本章就国内相关机构运用全新金融系统支持农户信贷的产品创新，进一步探究了全新政策改革下，农村金融如何更好、更快地支持农村经济发展。

第二节　农地抵押贷款试点的效果分析

"两权抵押贷款"就是指农村承包土地的经营权抵押贷款以及农民住房财产权抵押贷款。在这里，农民承包土地的经营权抵押贷款，是以包揽土地的经营权作抵押，由银行向农民或农业经营组织给予贷款。农民房屋财产权抵押贷款，是在农民宅基地所有权本质保留的基础上，以农民房屋所有权及拥有的宅基地使用权作为抵押，由银行向宅基地主人给予贷款。

截至 2016 年年底，人民银行和具体执行部门明确了 232 个土地抵押贷款测验县（市、区）和 59 个房屋抵押贷款测验县（市、区），共发放"两权"抵押贷款 266 亿元。中国农业银行、中国邮储银行等国有企业灵活地提出"两权 + 第三方担保"、农村多产权共同抵押、农房小额保证保险贷款等形式多样的产品，近千家地方金融组织形成了科学合理的信贷管理体系。显然，目前农村地区运行最广泛的当属农地抵押贷款，本书着重以农地抵押贷款为例分析农村金融创新对农户信贷约束的作用影响。

一、农地抵押贷款对农户信贷约束的缓解机制分析

金融机构在农村地区开展农地经营权抵押贷款后，农地经营权作为一种可抵押资产，将有利于流入农户获得外部正规融资。第一，农地成为可抵押品后，会增加一部分原本没有潜在正规信贷需求和有潜在需求又缺乏

抵押品的农户的有效信贷需求，即增加了农户的潜在信贷需求和有效信贷需求，从而降低农户的需求方信贷约束。第二，农户在流入农地时，需要签订农地合约，其内容主要包括农地规模、种植作物、租金和期限等，为金融机构甄别信贷申请农户提供了有效信息并降低了交易成本，且农业生产的规模化提高了农地生产总价值，即提高了可抵押品价值，从而增加农户信贷获得概率和信贷规模，降低农户的供给方数量约束。第三，考虑到种植农户的农地价值估值较低，农户受供给方约束的缓解可能具体表现为供给方完全约束的降低。

实际调研中，有农户向正规金融机构申请了农地抵押贷款后，因为所需材料准备烦琐、需多次提交材料且等待时间较长而放弃。这说明，只有当抵押贷款的预期收益高于借贷双方各自花费的交易成本和预期风险时，抵押贷款的作用机制才能够发挥作用。

二、样本地区的配对选取

本书借鉴黄惠春等的样本匹配采集方法，具体的试点样本和非试点样本选取过程为：第一步，分别选取江苏[泛水、柳堡、墩头、东陈、柴湾（已撤销，并为如皋市城北街道办事处）和中堡]、湖南[草尾和大南湖]和江西[鸦鹊湖（已撤销，并入岩汪湖镇）]的农地抵押贷款试点镇，选取与试点镇临近并经济发展水平相类似的非试点镇包括江苏（小官庄、鲁垛、李堡、大公、白蒲、磨头和城东镇）、湖南（毛家滩和共华）和江西（谢家滩）。第二步，分别对三个省份试点镇的建制村进行组群配对，经过村级组群配对和随机抽样，获得配对村庄21对。第三步，以30亩为分层抽样标准，每个村中各抽取10亩以下农户3户左右，10亩以上农户6户左右，共8～10户农户。第四步，对试点村镇和非试点村镇的农户特征平均值进行均值T检验，以检验样本选择的科学性。基于以上配对理论，本书共配对出358户农户。

本书利用村层面数据户均农地面积和人均纯收入进行协变量T检验。结果显示，两个村级关键变量没有显著差异（表10-2）。

表 10-2 2014 年试点村与非试点村协变量描述性统计

具体指标类型	均值		差值	T 检验
	试点	非试点		
户均农地面积 / 亩	8.4555	7.4555	1.0000	0.8625
人均纯收入 / 万元	17.8208	19.6544	−1.8336	0.7875

表 10-3 数据统计结果显示，对试点地区和非试点地区样本农户特征均值进行差值比较并作 T 检验，结果显示，试点和非试点样本各特征之间没有显著差异，两个样本选择效果很好。

表 10-3 2015 年试点镇与非试点镇农户特征平均值描述性统计

具体指标类型	试点地区	非试点地区	差值	T 检验
户主年龄	52.7777	52.4619	0.2381	0.0294
教育年限	8.2748	8.3547	−0.0799	−0.3498
农业劳动力	1.7836	1.7602	0.0234	0.2879
自有耕地面积	8.4555	7.4555	1.0000	0.8625
生产性固定资产	12.1468	10.3122	1.8346	0.5692
家庭总收入	17.2043	13.1130	4.0913	0.7875
人情支出	2.1462	1.9735	0.1727	0.4679

表 10-4 数据统计结果显示，从信贷规模的匹配度看样本地区和非样本地区的信贷约束差异。总样本数据显示，试点地区农户的名义信贷需求比非试点地区高 10 个百分点，实际需求匹配和实际供给匹配均高于非试点地区 10 个百分点以上。小农户样本显示，试点地区小农户的名义信贷需求比非试点地区低 6.93 个百分点，实际需求匹配和实际供给匹配度则

均比非试点地区高。大农户样本则显示，试点地区农户的名义信贷需求、需求和供给匹配度均显著高于非试点地区。即数据显示，试点地区农户信贷供需匹配度均显著高于非试点地区。

表 10-4　2015 年试点镇与非试点镇信贷需求和供给匹配比率　　单位：%

按农户规模分组	具体指标	试点	非试点	差异
总样本	名义信贷需求	42.20	32.20	10.00
	实际需求匹配	70.90	56.40	14.50
	实际供给匹配	60.80	41.88	18.92
小农户	名义信贷需求	5.20	12.13	-6.93
	实际需求匹配	66.71	62.54	4.17
	实际供给匹配	66.77	50.04	16.73
大农户	名义信贷需求	59.84	44.22	15.62
	实际需求匹配	81.80	54.32	27.48
	实际供给匹配	69.70	41.30	28.40

样本数据中，获得农地抵押贷款的农户为 21 户，均为 50 亩以上的大农户，且贷款额度均在 10 万元以上。也就是说，目前农地抵押贷款的发生以大户、大额为主。

三、农地抵押贷款的作用边界

作为农村信贷市场中的一个重要创新，农地抵押贷款获得成功的关键是城镇化带来的人口和劳动力的转移、经济的发展和结构变化。农地价值趋向增值，当农地价值达到某一阈值，即高于金融机构放贷交易成本和纵向监督成本时，金融机构便愿意接受农地作为抵押物。农地抵押贷款的实现基础条件在于农户愿意将农地进行抵押且愿意承受失去农地的风险。就城镇化进程来看，伴随着城乡社会保障体系的完善，农户对农地的依赖程度和对失去农地的风险规避程度明显降低，亦可降低金融机构取消农户农地赎回权的难度。农地抵押贷款实现的作用边界主要有以下三点：

边界之一在于农地价值下限。上一章分模型回归结果告诉我们，规模异质农户的信贷配给机制影响因素不尽相同，农业禀赋不能成为影响小农户受信贷配给的因素，对大农户则存在显著影响。这也从一个侧面说明，农地价值在某阈值内时，其无法由资产转化为资本，因为其价值不够覆盖信贷交易成本和纵向监督成本，无法成为贷款抵押物。对农地资产价值估计和违约后的农地资产的处理，亦均需要成本。

边界之二在于农地价值的上限。由于贷款面积持续扩大，政府的管理费用也要提高，当下政府的许多系统相互加入所有权处理体制和受害补充的行列中，也就促使经济部门和农民的土地交换价格上涨。政府逐步设置并完善所有权清晰框架成为农村资金抵押担保型贷款应该具备的重要前提，这种呈现方式一方面是对农民财物作一个确认，另一方面也方便对农民财产做出科学的评价体系。政府设置风险补偿办法是新时代创新农村财产抵押担保型贷款的必须具备的成分，减轻隐藏的法律风险和诚信风险能够促进农村金融组织建立健全奖励体系。以上措施都离不开政府提供足够的运行资金。政府的资金援助减少了金融组织在抵押途径、撤销赎回权等环节里的交易金额，本质上是对金融组织的一种回馈。

边界之三在于风险防范。农地抵押贷款涉及的土地使用权归集体所有，往往未被列入法律允许的抵押范围，在风险防范体系设置不健全的情况下，形成的抵押贷款隐藏着不确定性。一个是信贷前的检测成本高且信息不对称；另一个是信贷后若发生道德风险问题，土地的价值输出较难兑现。因此需要引入村民委员会，利用乡村邻里间的信息灵活性，在村民之间互相熟悉了解个人家庭的收入、信用和贷款等情况基础上，建立风险出现前的防范制度和风险出现后的维护制度，降低农地抵押的不确定性，保证农地抵押平稳有效推进。

由于目前农地抵押贷款发生的目标农户集中在百亩以上的大农户。因此，本研究进一步考虑如何深化农地抵押贷款的覆盖范围。一个可行的途径是将未覆盖到的农地规模阈值内的农户联合成某组织，将农地资产进行联合抵押。由合作组织完成农地抵押过程，直接降低了农村金融机构的信贷总交易成本。然而这样的合作组织也依然存在作用边界，主要问题在于联合贷款的成本和成员之间的弱关系边界。对于联合贷款的实现，本书进一步梳理抵押联保贷款和金融机构与农资商互联贷款的机理。

第三节　农业融资创新模式分析

本节将从农地面积的异质性、实物融资供给者的中介作用等角度探索可能的农业融资创新模式，以期改善水稻种植户的信贷约束问题，真正实现水稻种植户的农业收入提升、农产品质量安全提升、农业产业竞争力提升。

一、基于"硬信息"的抵押联保贷款

如前文所述，抵押担保机制可以用于解决信贷市场中的信息不对称问题。理论上，抵押担保品价值对信贷约束的影响途径主要有两个：一是信息甄别机制；二是激励兼容机制。信息甄别机制指当借贷双方存在信息不对称时，信贷供给方通过抵押担保品价值的大小，对资金需求方的还款能力进行预判，抵押担保品的价值越高，供给方对需求方的还款能力预期越高，从而缓解信息不对称造成的信贷约束问题。在金融机构面临道德风险的情况下，其可以利用抵押担保品对信贷需求者产生激励作用，使农户与金融机构的利润最大化目标相一致，激励农户进行可盈利性和稳定性高的投资行为，约束其风险投资行为，降低农户出现违约时金融机构面临的道德风险。因此，符合金融机构的抵押担保品价值越大时，农户的信贷规模越大。就同样的农地抵押机制来说，大农户的农地价值较高，而小农户的抵押品价值普遍较低。因此，探究小农户如何利用农地实现抵押贷款具有现实意义。

基于"硬信息"的交易型信贷技术可以运用于小农户的抵押贷款信贷市场中来降低交易成本和信息不对称程度，形成抵押品联保贷款。这里从理论上分析小农户利用农地抵押联保的方式可获取信贷的实现路径。

本书借鉴张龙耀等建立的理论模型进行阐述，假设农地联保成员均有信贷需求且每个人的需求恰等于其经营农地价值。首先，金融机构不了解每个小农户属于何种类型，而且传统的甄别机制也是无效的，金融机构只能与所有的借款者都签订相同的信贷合约，低信用借款者将推高组织贷款的利率，导致高信用小农户放弃农地抵押贷款。其次，小农户的每一笔信贷交易都是需要交易成本的，对于金融机构来说，单个小农户的收益不足以支撑信贷交易成本。而在基于联保贷款机制的信贷合约中，一方面，高信用借款者愿意支付更多来选择同样是高信用的借款者组成联合贷款组织，这样，低信用借款者只能选择其他风险借款者组成信贷联保。另一方面，小农户的联合抵押贷款成本相当于原来一笔小农户贷款的交易成本，显著降低了金融机构操作组成成员的信贷交易综合成本。因此，金融机构利用信贷联保者间的成员选择偏好和联保成员之间具备各自的信息以及以组织为单元进行信贷的规模效用，实现了更高效率的小农户信贷，这种信贷是基于农地"硬信息"的联保抵押贷款。

二、基于"软信息"的金融机构与中介机构互联

关系型信贷技术是金融机构通过长期和多方面接触借款者进而基于其"软信息"发生借贷。对于抵押品不足的农户来说，可通过"软信息"获得金融机构贷款。不同于"硬信息"的直接明了，"软信息"难以度量量化并传递，它依靠的是借贷双方的长期关系产生的有价值信息，不仅包含农户的个人禀赋，还包含个人声誉、拥有的社会资本、家庭资产和生产经营状况等。这样一种"软信息"信贷技术对抵押品起到了一定替代作用，也弥补了部分农户因抵押品不足而无法获得信贷的缺口。因此，关系型信

贷能够起到降低金融机构与农户之间的信息不对称作用，且更适合服务于抵押品不足的小农户，这个理论与上一章实证回归结果分析一致。接下来，本书阐述金融机构与中介机构的互联如何实现，这里的中介机构主要指农资商。

根据刘营军等提出的中介金融机构概念，本书将农村信贷中介分为两种。第一种为信息中介（information intermediary）。此类中介机构较金融机构对潜在信贷需求者具有信息优势，可以向金融机构提供信贷需求者的生产经营活动状况、乡土社会中的声誉和家庭资产情况，并监督贷款使用情况，以降低金融机构与借款者之间的信息不对称。第二种为风险中介（risk intermediary）。此类中介机构不仅具有信息传递作用，还可以负责贷款收回，同时部分或全部分担金融机构的违约贷款损失风险，相较金融机构对借款人风险控制实行的金融约束，风险中介则依靠乡土社会网络，实行非金融性社会约束以降低借款者违约风险，从而降低金融机构信贷交易的信息不对称和违约风险，同时增加了借款者借贷的资金成本。而基于农业生产视角的金融机构与中介机构的互联中，农业合作社和农资商承担的是风险中介的角色。

（一）信息中介

已有研究的信息中介激励兼容理论为：假设信息中介（农资商）和有潜在信贷需求的农户（后简称农户）之间不存在信息不对称问题，高信用农户的信贷风险较低，低信用农户的信贷风险较高。简单来说，假设高信用农户的还款概率与其努力水平有关，低信用农户不偿还贷款。除提供补偿给中介机构之外，贷款过程中其他管理成本为零。

对于信息中介来说，农户是否偿还贷款不取决于信息中介的信息传递，也可能由于农户没有能力偿还。一般情况下，信息中介获得高信用农户意味着较高的还款率，信息中介获得低信用农户意味着较低的还款率。金融机构只可以观察到借款人是否偿还贷款。对信息中介的补偿取决于信息中介传递的农户类型的准确性，因此，对于信息中介而言，其需要承担的中介风险是提供信息质量的差异下，获得中介补偿的差额。若信息中介提供了较高的信息质量，则会获得较高的补偿；若提供的信息质量较低，则信息中介获得的补偿额较低，甚至没有补偿。

对于金融机构来说，作为信贷互联机制中的委托方，其目标就是设计一个合理的补偿方案，使信息中介真实地显示其私人信息，同时能够实现自身收益的最大化。因此，这里的机制设计实际上就是一个有约束条件信息中介的参与约束下的最优化金融机构收益最大化的问题。

（二）风险中介

已有研究的风险中介激励兼容理论为：假设风险中介（农资商）和有潜在信贷需求的农户（后简称农户）之间不存在信息不对称问题，金融机构向风险中介贷款时要求充分的抵押，因此，金融机构与风险中介之间也不存在信息不对称问题，高信用农户的信贷风险较低，低信用农户的信贷风险较高。简单来说，假设高信用农户的还款概率与其努力水平有关，低信用农户不偿还贷款。与信息中介的激励兼容机制设计不同的是，风险中介的收益主要来自从金融机构获得贷款需支付的较低资金成本，再将贷款转贷给借款人，从中获取价差。因此，对于风险中介的激励兼容机制，核心变量是风险中介向金融机构贷款并获得贷款的利率和风险中介承担违约贷款损失的比例。

对于金融机构来说，金融机构愿意和风险中介进行信贷互联的条件是：在信贷互联时的收益大于直接贷款给借款人的收益。此时其面对集中数量的风险中介时的交易成本忽略不计（金融机构只需要面对数量较少的风险中介）。

对于风险中介来说，风险中介愿意参与信贷互联的条件是：风险中介参与信贷互联的收益大于不参与信贷互联的收益，或者参与信贷互联的收益大于参与的机会成本。即风险中介的放贷利率超过一定阈值后，其才会愿意参与到信贷互联中。为了弥补信贷发生违约时所受损失，风险中介承担的损失比率越高，其要求从金融机构获得贷款的利率越低或者放贷的利率越高，因为风险中介需要从金融机构处获得更低的贷款利率或者对借款人要求更高的贷款利率以提高收入降低成本。综上所述，生产资料的提供商就是潜在的风险中介。

三、农业信贷产品的可能模式

农业信贷产品的可能模式有以下两种：

一种是"金融机构 + 土地证联保 + 农户"模式。土地合作社作为一种与农户生产经营活动关系紧密的组织，农户自愿组成农业合作社，通过合作社向金融机构抵押土地证，以联保形式获得信贷。联保成员相互承担连带责任，如果有一户未能履行还款约定，其他成员需作为担保角色为其还款，这要求联保成员互相熟悉了解且是一种"软信息"传递。随着加入联保农户的增加，可抵押品价值的增加可以增加农户信贷额度，降低农户受信贷约束的概率，同时能形成组织内、外的双重监督机制，这能提升金融机构对农户经营收益的预期，降低违约预期，进而提高农户的信贷可获性。小农户则可以通过联保组织提高农业生产总价值，并与联保组织形成横向监督机制，从而降低金融机构的纵向监督成本，与金融机构形成信贷契约。因此，这里的联保小组承担了风险分摊的角色。

另一种是"金融机构 + 农资公司担保 + 农户"模式。农资公司以一定比例的保证金作为担保基金，由金融机构为农资公司推荐的种植大户、经销商、家庭农场、专业合作社等合作主体进行农资授信贷款业务，并由农资公司为其提供优质化肥等农资商品。一方面，农资公司依靠长期多方面接触获得种植大户、经销商和家庭农场等合作主体的"软信息"进而为其担保；另一方面，金融机构对合作主体进行农资授信贷款。农资公司担保模式既增加了合作主体的信贷获得，又降低了金融机构的贷款风险，这里的农资公司承担了信息中介和风险中介的角色。

上述土地合作社模式在部分地域已经实现，但这两种农业信贷模式在调研地区未曾出现。可能的原因在于，土地合作社模式未在调研地区推广，而农资公司担保模式类似于已有的商业信用模式，风险由农资商承担，缺乏有效的激励机制。因此，需要进一步在实践中进行探索。

第四节　本章小结

实地调研数据分析可知，农地抵押贷款试点地区的有效信贷需求率、信贷发生率均高于非试点地区；农户的信贷供需匹配的比率也高于非试点地区。然而由于农地抵押贷款刚刚实行，法律政策层面对各方面的限制较为严格，退出机制还不完善。总体而言，发生农地抵押贷款占比较低，因此并不具有普遍性。相较于大农户，小农户的农地价值较低，无法实现通过农地抵押获得信贷，需要进一步创新多元化的信贷产品以满足不同类型农户的需求。进一步地，在理论上探讨农地联保抵押贷款和金融机构与农资商的互联信贷的发生机理。农地联保信贷通过风险分摊和横向监督机制，与金融机构之间形成有效的信贷契约；金融机构与农资商中介互联信贷则通过风险转移和信息传递机制，形成有效的信贷甄别技术，与目标农户进行稳定的信贷交易。在创新的信贷模式发展过程中，政府也可以作为担保者、引导者参与到金融市场中，帮助金融市场形成规范有效的市场环境，为金融市场建立完善的信贷退出机制或者风险补偿机制，对金融市场的发展提供良好的监督作用。

第十一章　结论与政策建议

第一节　研究结论

按照前文中研究框架的搭建逻辑、研究内容的层层递进与步步探讨，本章的研究结论同样按照信贷约束的影响、成因和对策三个维度进行总结。具体的研究结论包括以下四个部分：信贷约束对农业规模经营决策的影响分析、信贷约束对农业规模经营绩效的影响分析、信贷约束的影响因素分析和信贷约束的缓解机制探讨。

一、信贷约束对农业规模经营决策的影响分析

本书研究的逻辑起点和现实依据是：农户普遍面临着信贷约束，其农业规模经营的投入产出也会受到信贷约束的影响。本书利用2015—2016年江苏、湖南和江西三个省份的调研，获得有效农户样本775户，并对其进行了研究分析。从农地流入规模和其他要素投入决策的角度分析，首先，以"是否受信贷约束"和"信贷约束程度"来衡量农户受正规金融约束大

小，并以"是否有亲朋在政府部门工作或做老板"作为"是否受信贷约束"的工具变量。研究结论表明，信贷约束会抑制农户的农地流入规模，降低农户家庭的农地经营规模，从而降低由规模带动的大田粮食作物收入水平的提升，降低家庭收入水平。其次，在农地规模一定的情况下，信贷约束不会显著降低农户其他要素的现金支出和生产支出水平，这可能是因为很多受信贷约束的农户，他们通过二次外部融资抑或赊账融资等方式缓解现金流约束，保证了其他要素的投资水平。

二、信贷约束对农业规模经营绩效的影响分析

从农业规模经营绩效角度分析，信贷约束并没有表现出对农户农地生产率的影响，受信贷约束的农户可以通过增加家庭用工投入缓解约束效应，在扩大农地经营规模过程中，其农地的资源配置效率显著增加。但信贷约束会降低农户要素资源的配置效率，即主要通过影响雇工和家庭用工之间的配置效率增加农户的单位产品成本，因此，信贷约束的长期存在并不利于农户农业规模经营发展过程中规模经济的形成。

三、信贷约束的影响因素分析

信贷约束的存在对农户的农业生产经营存在一定的负向影响，因此，本书对农业资本禀赋对农户受信贷约束的影响进行分析，以探寻可缓解农业信贷的创新机制。通过研究发现，样本地区农业资本禀赋激发了农户的潜在信贷需求，但是，金融机构并未很好地利用农户拥有的农业资本，难以使农村地区的资金有效流动起来。甚至有些地区的正规金融机构超需求发放给当地村里有威望的大农户，以完成农业信贷指标。进一步以试点地区和非试点地区对比分析发现，以农地为抵押品的创新抵押贷款缓解了试点地区农户所受信贷约束。然而，农地抵押贷款作用机制存在其有效边界，对于农地规模较小的农户来说，由于其农地总价值较低引致预期收益较低、合约非正式引致的违约高风险，农地抵押贷款作用机制难以发挥作用，信贷供需双方难以有效匹配。

四、信贷约束的缓解机制探讨

从实物信贷出发，本研究基于农户声誉心理理论，探讨了实物信贷在农业规模经营发展过程中合约正式化的演变过程及其扮演的重要补充作用。因此，正式信贷和实物信贷共同支持农业规模经营的结构最优。

从正式信贷与实物信贷联结视角出发，本书基于"硬信息"的交易型信贷技术和基于"软信息"的关系型信贷技术进行农业信贷约束缓解机制探讨，具体提出"金融机构 + 土地证联保 + 农户"模式和"金融机构 + 农资公司担保 + 农户"模式。

第二节　政策建议

中央一号文件一直引导并配合着农村金融市场的发展，农业规模化经营发展离不开金融的支持。本书从农村金融市场和政府在市场中的支持作用提供了一些发展农村金融的建议。

一、农业信贷供给侧的发展方向

第一，农村金融市场对农户农业贷款的竞争活力有待提升。当前各农村地区的金融市场竞争明显不足，资金仍更多地流向收入水平更高的农户，信贷约束问题显著制约了以农户为主体的农业规模经营的转型与发展。信贷约束的持续存在下，发展农业规模经营与降低农产品生产成本、提高农业市场竞争力的目标存在一定矛盾。另外，农业规模经营的发展依赖于农业人口的转移所形成集中的土地流转，这就导致拥有大片规模农地的地区往往经济发展水平较高进而形成了较高的租地成本。因此，缓解信贷约束和降低融资成本需要激发欠发达地区农村金融市场活力，提升经济发达地区农村金融市场的效率。

第二，农村金融创新对农户的信贷供给机制。现有的农地抵押贷款存在边界，流入农地规模较小的农户容易受到排斥。一方面，农户可以通过加入农地合作组织以提高自身信息透明度和信贷预期总收益，金融机构可以利用加入各种农业合作组织的农户之间的横向信息提高对称程度，对组织内部小农户进行筛选和监督，降低了信息不对称程度，从而防范了逆向选择和道德风险。另一方面，农户通过当地农资商与金融机构互联，农户与农资商之间的横向信息对称程度高，农资商具有足够的金融机构所需标准禀赋，降低了金融机构与农户单方面的纵向信息不对称程度，农资商与金融机构之间可形成利益共享、风险共担的互联机制。

第三，农村金融机构可以加强对信息技术的利用。一方面，农村金融机构可以通过信息技术获取农户全面的信用信息，从而降低信贷风险；另一方面，随着信息技术的深入探索与发展，可以降低农村金融机构的信贷服务成本。因此，农村金融机构应该积极摸索信息技术的使用，加快建立农户的个人征信系统和信用评级算法，以实现高效的信息技术甄别网络。

二、政府在农村信贷市场中的合理作用

第一，推动农业信贷支持政策。注意向小规模农户进行信贷政策倾斜以及相关信息的宣传，使不同规模农户都可以找到合适的信贷产品，以缓解农村地区信贷约束的问题。第二，继续加强和完善农业信贷。政策当局可以引导与农村金融机构相互配合，针对从事农业生产农户的实际情况，设计与作物生长周期、农业生产周期相匹配的信贷产品。第三，充当担保补偿角色。在农村金融机构与农业产业链的中间环节（如农资商）建立垂直合作模式基础上，提高担保与风险补偿，推动农村金融市场平稳化多元化地发展。

第三节　未来研究展望

　　本书建立的研究分析框架是针对信贷需求方即从事农业生产农户的逐层设计与创新，这仅仅是当前农村信贷市场发展探索的一部分，未来需要继续对此进行探讨。本书研究的问题始于农户普遍面临的信贷约束，进而探寻其对农户农业生产要素投入决策与规模经营绩效的影响，并深入探究农户拥有的农业禀赋对其信贷需求产生和受信贷约束的影响，从而进一步以农业资本禀赋特征进行挖掘，做了信贷产品创新机制的设计与探讨。

　　由于研究的篇幅和能力限制，本书在缓解农户信贷约束的产品创新路径上分析并不全面，仅以农业生产为视角、从有形资产为出发点进行了信贷产品的设计，未联系其他，如结合当前的科技发展前沿。本书认为，一方面可以从农户心理层面寻找可能提升农户信贷需求的信贷产品创新模式，另一方面可以将互联网乃至深度算法和神经网络与农业生产互联并加入农村信贷市场中，形成"互联网 + 农村金融市场"的创新模式，这一模式值得后续研究。

参考文献

[1] 陈健. 农业规模经济质疑 [J]. 农业经济问题, 1988（3）: 3-6+1.

[2] 陈洁, 罗丹. 种粮大户: 一支农业现代化建设的重要力量 [J]. 求是, 2012（3）: 32-34.

[3] 陈云松. 农民工收入与村庄网络基于多重模型识别策略的因果效应分析 [J]. 社会, 2012, 32（4）: 68-92.

[4] 陈云松, 范晓光. 社会资本的劳动力市场效应估算: 关于内生性问题的文献回溯和研究策略 [J]. 社会学研究, 2011（1）: 167-195.

[5] 程恩江, 刘西川. 小额信贷缓解农户正规信贷配给了吗? ——来自三个非政府小额信贷项目区的经验证据 [J]. 金融研究, 2010（12）: 190-206.

[6] 程郁, 韩俊, 罗丹. 供给配给与需求压抑交互影响下的正规信贷约束: 来自 1874 户农户金融需求行为考察 [J]. 世界经济, 2009（5）: 73-82.

[7] 程志强. 新常态下农垦地区改革与可持续发展 [J]. 农场经济管理, 2015（11）: 14-18.

[8] 褚保金, 卢亚娟, 张龙耀. 农户不同类型借贷的需求影响因素实证研究:

以江苏省泗洪县为例 [J]. 江海学刊，2008（3）：58-62+238.

[9] 褚保金，卢亚娟，张龙耀. 信贷配给下农户借贷的福利效果分析 [J]. 中国农村经济，2009（6）：51-61.

[10] 崔慧霞. 农村民间金融抑制效率损失分析 [J]. 中国国情国力，2007（11）：24-26.

[11] 杜润生. 中国农村的社会主义改造与经济体制改革 [J]. 中国改革，2003（12）：31-33.

[12] 冯旭芳. 贫困农户借贷特征及其影响因素分析：以世界银行某贫困项目监测区为例 [J]. 中国农村观察，2007（3）：51-57+80-81.

[13] 冯艳芬，董玉祥，刘毅华，等. 基于农户调查的大城市郊区农地流转特征及影响因素研究：以广州市番禺区 467 户调查为例 [J]. 资源科学，2010，32（7）：1379-1386.

[14] 关郁波. 发展农村金融服务现代农业 [J]. 农业经济，2014（8）：92-93.

[15] 韩俊. 土地政策：从小规模均田制走向适度规模经营 [J]. 调研世界，1998（5）：8-9.

[16] 何琴，谢宗藩. 中国非正式金融制度演化探析 [J]. 当代经济研究，2020，293（1）：83-91.

[17] 何秀荣. 关于我国农业经营规模的思考 [J]. 农业经济问题，2016，37（9）：4-15.

[18] 贺雪峰，印子. "小农经济"与农业现代化的路径选择：兼评农业现代化激进主义 [J]. 政治经济学评论，2015，6（2）：45-65.

[19] 侯建昀，霍学喜. 信贷可得性、融资规模与农户农地流转：以专业化生产农户为例 [J]. 中国农村观察，2016（6）：29-39.

[20] 侯英，陈希敏. 声誉、借贷可得性、经济及个体特征与农户借贷行为：基于结构方程模型（SEM）的实证研究 [J]. 农业技术经济，2014（9）：

61–71.

[21] 胡瑞卿，张岳恒. 不同目标下耕地流转的理论与实证分析 [J]. 中国农村经济，2007（1）：36–44.

[22] 胡新杰，赵波. 我国正规信贷市场农户借贷约束研究：基于双变量 Probit 模型的实证分析 [J]. 金融理论与实践，2013（2）：12–17.

[23] 胡新艳，洪炜杰，米运生，等. 土地价值、社会资本与农户农地抵押贷款可得性 [J]. 金融经济学研究，2016（5）：117–128.

[24] 黄枫，傅伟. 政府购买还是家庭照料？——基于家庭照料替代效应的实证分析 [J]. 南开经济研究，2017（1）：136–152.

[25] 黄惠春，祁艳，程兰. 农村土地承包经营权抵押贷款与农户信贷可得性：基于组群配对的实证分析 [J]. 经济评论，2015（3）：72–83+96.

[26] 黄惠春，徐霁月. 中国农地经营权抵押贷款实践模式与发展路径：基于抵押品功能的视角 [J]. 农业经济问题，2016（12）：95–102.

[27] 黄惠春，徐章星，祁艳. 农地流转与规模化经营缓解了农户信贷约束吗？——来自江苏的经验证据 [J]. 南京农业大学学报：社会科学版，2016（6）：109–120.

[28] 黄佩红. 我国农村土地承包经营权流转的现状与问题 [J]. 广西农学报，2016（5）：73–75.

[29] 黄宗智. "家庭农场"是中国农业的发展出路吗？[J]. 开放时代，2014（2）：176–194+9.

[30] 黄宗智，彭玉生. 三大历史性变迁的交汇与中国小规模农业的前景 [J]. 中国社会科学，2007（4）：74–88+205–206.

[31] 黄祖辉，刘西川，程恩江. 中国农户的信贷需求：生产性抑或消费性——方法比较与实证分析 [J]. 管理世界，2007（3）：73–80.

[32] 纪志耿. 农户借贷动机的演进路径研究：基于三大"小农命题"的分析 [J]. 经济体制改革，2007（6）：95–99.

[33] 靳淑平，王济民．规模农户信贷资金需求现状及影响因素分析 [J]. 农业经济问题，2017，38（8）：52-58+111.

[34] 阚大学，吕连菊．要素市场扭曲抑制了企业对外直接投资吗？——基于 Heckman 模型的实证分析 [J]. 华中科技大学学报（社会科学版），2016，30（4）：110-121.

[35] 孔祥智，钟真，李明．农业社会化服务体系中的农资供应商：困境与出路 [J]. 青岛农业大学学报（社会科学版），2009，21（2）：21-26.

[36] 匡桦，李富有，张旭涛．隐性约束、声誉约束与农户借贷行为 [J]. 经济科学，2011，33（2）：77-88.

[37] 郎秀云．家庭农场：国际经验与启示：以法国、日本发展家庭农场为例 [J]. 毛泽东邓小平理论研究，2013（10）：36-41+91.

[38] 李谷成，冯中朝，范丽霞．小农户真的更加具有效率吗？——来自湖北省的经验证据 [J]. 经济学（季刊），2010，9（1）：99-128.

[39] 李红，王新军．非正式护理能否替代正式护理：基于 CLHLS（2014）的实证分析 [J]. 江西财经大学学报，2019（6）：76-86.

[40] 李庆海，李锐，汪三贵．农户信贷配给及其福利损失：基于面板数据的分析 [J]. 数量经济技术经济研究，2012（8）：35-48.

[41] 李人庆．改善制度环境促进农村金融的深化：陕西省商州市王涧村调查 [J]. 中国农村观察，2000（3）：22-34+80.

[42] 李锐，朱喜．农户金融抑制及其福利损失的计量分析 [J]. 经济研究，2007（2）：130-138.

[43] 李首涵，何秀荣，杨树果．中国粮食生产比较效益低吗？[J]. 中国农村经济，2015（5）：36-43+57.

[44] 李岩，赵翠霞，兰庆高．农户正规供给型信贷约束现状及影响因素：基于农村信用社实证数据分析 [J]. 农业经济问题，2013，34（10）：

41-48.

[45] 李泽春. 京郊农户金融需求现状的深入分析 [J]. 经济研究导刊，2013
（35）：181-182.

[46] 李长生，张文棋. 农户正规信贷需求和信贷约束：基于江西省的调查 [J].
农林经济管理学报，2014（4）：406-413.

[47] 李忠国. 农业适度规模经营实现形式若干问题的思考 [J]. 农村经营管
理，2005（11）：22-23+48.

[48] 林万龙，杨丛丛. 贫困农户能有效利用扶贫型小额信贷服务吗？——
对四川省仪陇县贫困村互助资金试点的案例分析 [J]. 中国农村经济，
2012（2）：35-45.

[49] 林元洁. 欠发达地区农村信用社贷款决策影响因素分析：以江苏省宿
迁市泗洪县为例 [J]. 现代金融，2009（3）：31-31.

[50] 刘丹，张兵. 农村二元金融结构现象成因：基于农户内生性视角 [J].
江苏社会科学，2015（3）：8-16.

[51] 刘浩，罗剑朝. 新型农村金融机构引入区农户借贷行为影响因素实证
研究 [J]. 中国农学通报，2014，30（2）：130-135.

[52] 刘洁，秦富. 我国农户金融参与意愿及其影响因素分析：基于河北省
435 名农户的调研数据 [J]. 技术经济，2009，28（4）：81-87.

[53] 刘强，杨万江. 农户行为视角下农业生产性服务对土地规模经营的影
响 [J]. 中国农业大学学报，2016，21（9）：188-197.

[54] 刘尚鑫，于冷，顾海英. 吸脂效应、社会福利与农村金融改革 [J]. 经
济与管理研究，2010（3）：87-95.

[55] 刘西川，陈立辉，杨奇明. 农户正规信贷需求与利率：基于 Tobit Ⅲ
模型的经验考察 [J]. 管理世界，2014（3）：75-91.

[56] 刘西川，程恩江. 贫困地区农户的正规信贷约束：基于配给机制的经
验考察 [J]. 中国农村经济，2009（6）：37-50.

[57] 刘营军，褚保金，徐虹．政策性金融破解农户融资难研究：一个微观视角 [J]. 农业经济问题，2011（11）：66–71.

[58] 刘营军，张龙耀，褚保金．批发金融机制和农业政策性金融改革研究：基于普惠金融的视角 [J]. 南京农业大学学报（社会科学版），2011，11（4）：46–52.

[59] 柳凌韵，周宏．正规金融约束、规模农地流入与农机长期投资：基于水稻种植规模农户的数据调查 [J]. 农业经济问题，2017，38（9）：65–76.

[60] 罗必良，何应龙，汪沙，等．土地承包经营权：农户退出意愿及其影响因素分析：基于广东省的农户问卷 [J]. 中国农村经济，2012（6）：4–19.

[61] 罗建华，黄玲．金融缺口、非正规金融与农村金融体系建设 [J]. 湖南省社会主义学院学报，2009（6）：66–68.

[62] 麻焕文，刘志强．农村居民消费制约因素及对策建议 [J]. 北方金融，2010（9）：28–31.

[63] 宁薛平．构建农村金融服务体系的思考 [J]. 西部金融，2007（5）：64–65.

[64] 潘越，戴亦一，刘思超．我国承销商利用分析师报告托市了吗？[J]. 经济研究，2011（3）：131–144.

[65] 齐城．农村劳动力转移与土地适度规模经营实证分析：以河南省信阳市为例 [J]. 农业经济问题，2008（4）：38–41.

[66] 齐春雷，武翔宇．辽宁省种粮大户正规信贷约束识别及其影响因素 [J]. 农业经济，2016（10）：92–94.

[67] 齐芳燕．江苏省生态城市建设的指标体系构建与评价 [J]. 工业技术经济，2010，29（12）：93–97.

[68] 恰亚诺夫．农民经济组织 [M]. 北京：中央编译出版社.1996.

[69] 宋亚平.规模经营是农业现代化的必由之路吗?[J].江汉论坛,2013(4):
5-9.

[70] 孙自铎.农业必须走适度规模经营之路：兼与罗必良同志商榷[J].农业经济问题,2001（2）：32-35.

[71] 谭燕芝,胡万俊.社会资本、家庭财富与农户正规信贷配给[J].金融论坛,2017（5）：37-49.

[72] 汪昌云,钟腾,郑华懋.金融市场化提高了农户信贷获得吗?——基于农户调查的实证研究[J].经济研究,2014（10）：33-45.

[73] 汪小亚.拉美三国微型金融的特点[J].中国金融,2012（5）：41-42.

[74] 王曙光,乔郁.农村金融学[M].北京：北京大学出版社,2008.

[75] 王玉峰,蒋远胜.巨灾背景下农户融资偏好变异及其影响因素：基于四川汶川5·12地震灾区的调查[J].农村经济,2011（7）：51-55.

[76] 卫新,毛小报,王美清.浙江省农户土地规模经营实证分析[J].中国农村经济,2003（10）：31-36.

[77] 翁辰,张兵.信贷约束对中国农村家庭创业选择的影响：基于CHFS调查数据[J].经济科学,2015（6）：92-102.

[78] 翁贞林.农户理论与应用研究进展与述评[J].农业经济问题,2008(8):
93-100.

[79] 伍德里奇.计量经济学导论：现代观点[M].北京：中国人民大学出版社,2003.

[80] 席怡,宋殿清,廖雅.城市化进程中江苏中小城镇发展初探[J].技术与创新管理,2011,32（2）：155-159.

[81] 夏荣静.关于我国农村小额信贷发展的研究综述[J].经济研究参考,2011（12）：37-42.

[82] 谢花林,刘桂英.1998—2012年中国耕地复种指数时空差异及动因[J].地理学报,2015,70（4）：604-614.

[83] 徐灏龙，陆铭 . 求解中国农业困局：国际视野中的农业规模经营与农业竞争力 [J]. 学术月刊，2021，（6）：58-71.

[84] 许庆，田士超，邵挺，等 . 土地细碎化与农民收入：来自中国的实证研究 [J]. 农业技术经济，2007（6）：67-72.

[85] 许庆，尹荣梁 . 中国农地适度规模经营问题研究综述 [J]. 中国土地科学，2010，24（4）：75-81.

[86] 许庆，尹荣梁，章辉 . 规模经济、规模报酬与农业适度规模经营：基于我国粮食生产的实证研究 [J]. 经济研究，2011，46（3）：59-71+94.

[87] 杨迪航 . 农户融资困境及其福利经济模型 [J]. 统计与决策，2009（11）：51-53.

[88] 杨国玉，郝秀英 . 关于农业规模经营的理论思考 [J]. 经济问题，2005（12）：42-45.

[89] 杨瑞龙，杨其静 . 阶梯式的渐进制度变迁模型：再论地方政府在我国制度变迁中的作用 [J]. 经济研究，2000（3）：24-31+80.

[90] 杨圣奎 . 破解农地抵押贷款难 [J]. 中国金融，2016（23）：102-102.

[91] 叶敬忠，朱炎洁，杨洪萍 . 社会学视角的农户金融需求与农村金融供给 [J]. 中国农村经济，2004（8）：31-37+43.

[92] 叶静怡，刘逸 . 欠发达地区农户借贷行为及福利效果分析：来自云南省彝良县的调查数据 [J]. 中央财经大学学报，2011（2）：51-56.

[93] 殷浩栋，汪三贵，王彩玲 . 农户非正规金融信贷与正规金融信贷的替代效应：基于资本禀赋和交易成本的再审视 [J]. 经济与管理研究，2017，38（9）：64-73.

[94] 余冬根，张嘉兴 . 审计师声誉影响企业债务融资成本和融资能力吗？——基于 2010—2014 年 A 股上市公司的经验证据 [J]. 中国经济问题，2017（1）：111-120.

[95] 余泉生，周亚虹．信贷约束强度与农户福祉损失：基于中国农村金融调查截面数据的实证分析 [J]．中国农村经济，2014（3）：36-47．

[96] 张兵，李丹．社会资本变迁、农户异质性与融资行为研究：基于江苏602个农户的调查分析 [J]．江海学刊，2013（2）：86-91+238．

[97] 张兵，刘丹，李祎雯．匹配经济学视角下农户借贷匹配决定因素的实证分析 [J]．经济科学，2014（4）：93-105．

[98] 张红宇．中国强势农业的金融支撑 [J]．金融世界，2016（10）：68-71．

[99] 张红宇，赵革．新农村建设要充分释放农业的多重功能 [J]．农村经济，2006（5）：3-6．

[100] 张红宇，王乐君，李迎宾，等．关于深化农村土地制度改革需要关注的若干问题 [J]．中国党政干部论坛，2014（6）：13-17．

[101] 张建军，许承明．资本流动、信贷配给与产业信贷政策匹配研究 [J]．产业经济研究，2012（5）：80-86．

[102] 张杰．农户、国家与中国农贷制度：一个长期视角 [J]．金融研究，2005（2）：1-12．

[103] 张龙耀，陈畅，刘俊杰．社会资本与小额信贷风险控制：理论机制与实证分析 [J]．经济学动态，2013（2）：73-77．

[104] 张龙耀，褚保金．农村资产抵押化的前提与绩效：宁波样本 [J]．改革，2010（11）：86-90．

[105] 张龙耀，江春．中国农村金融市场中非价格信贷配给的理论和实证分析 [J]．金融研究，2011（7）：98-113．

[106] 张龙耀，杨军．农地抵押和农户信贷可获得性研究 [J]．经济学动态，2011（11）：60-64．

[107] 张龙耀，杨军，陈畅．信贷需求、信贷交易成本与农村利率市场化：

基于农户调查数据的经验分析 [J]. 财贸经济，2011（11）：98-104.

[108] 张龙耀，许玉韫，张兵 . 农村信贷市场失灵的实物融资替代机制：来自江苏 4 市 8 县 427 户农户的证据 [J]. 东南大学学报（哲学社会科学版），2018，20（2）：60-69+147.

[109] 张晓山，何安耐 . 关于农村金融体制改革的几点思考 [J]. 农业经济问题，2002（9）：41-45.

[110] 张秀梅，李升峰，黄贤金，等 . 江苏省 1996 年至 2007 年碳排放效应及时空格局分析 [J]. 资源科学，2010，32（4）：768-775.

[111] 赵捷，祝宏辉 . 金融意识能够缓解农户的信贷约束吗？——基于四省微观农户数据的经验研究 [J]. 暨南学报（哲学社会科学版），2016，38（8）：100-110.

[112] 赵静梅，傅立立，申宇 . 风险投资与企业生产效率：助力还是阻力？[J]. 金融研究，2015（11）：159-174.

[113] 中国人民银行农村金融服务研究小组 . 中国农村金融服务报告2008[M]. 北京：中国金融出版社，2008.

[114] 中国人民银行农村金融服务研究小组 . 中国农村金融服务报告2014[M] . 北京：中国金融出版社，2014.

[115] 中国人民银行农村金融服务研究小组 . 中国农村金融服务报告2016[M] . 北京：中国金融出版社，2016.

[116] 钟太洋，黄贤金，马其芳，等 . 省级区域基本农田保有量测算研究：以江苏省为例 [J]. 国土资源科技管理，2006，23（4）：16-20.

[117] 仲亚东 . 小农经济问题研究的学术史回顾与反思 [J]. 清华大学学报（哲学社会科学版），2008（6）：146-156+158.

[118] 周立 . 农村金融市场四大问题及其演化逻辑 [J]. 财贸经济，2007（2）：56-63+128-129.

[119] 周先波，罗连化 . 中国农户正式和非正式借贷行为：竞争还是互补 [J].

中山大学学报（社会科学版），2015，55（4）：198-208.

[120] 周小斌，耿洁，李秉龙. 影响中国农户借贷需求的因素分析 [J]. 中国农村经济，2004（8）：26-30.

[121] 周月书，李扬. 农村小额贷款公司对农村小微企业正规信贷配给的影响分析：基于苏北农村小微企业的调查 [J]. 中国农村经济，2013（7）：85-96.

[122] 朱长宁，王树进. 西部退耕还林地区农户生态农业认知：基于陕南的实证 [J]. 农村经济，2014（9）：53-57.

[123] 朱建军，郭霞，常向阳. 农地流转对土地生产率影响的对比分析 [J]. 农业技术经济，2011（4）：78-84.

[124] 朱守银，张照新，张海阳，等. 中国农村金融市场供给和需求：以传统农区为例 [J]. 管理世界，2003（3）：88-95.

[125] 朱喜. 农户借贷的福利影响 [J]. 统计与决策，2006（20）：41-43.

[126] ALI D A, DEININGER K, DUPONCHEL M. Credit constraints and agricultural productivity: evidence from rural rwanda[J]. Journal of development studies, 2014, 50(5):649-665.

[127] BAIYEGUNHI L J S, FRASER G C G, DARROCH M A G. Credit constraints and household welfare in the Eastern Cape Province, South Africa[J]. African journal of agricultural research, 2010, 5(16):2243-2252.

[128] BARDHAN, PRANAB K. Size, productivity, and returns to scale: an analysis of farm-level data in Indian agriculture[J]. Journal of political economy, 1973, 81(6):1370-1386.

[129] BERARDI M. Credit rationing in markets with imperfect information[J]. Social science electronic publishing, 2007, 71(3):393-410.

[130] BESLEY T, COATE S. Group lending, repayment incentives and social collateral [J]. Journal of development economics, 1995, 46(1): 1-18.

[131] BOUCHER S R, BARHAM B L, CARTER M R. The impact of "market-friendly" reforms on credit and land markets in Honduras and Nicaragua[J]. World development, 2005, 33(1):107–128.

[132] BOUCHER S R, GUIRKINGER C, TRIVELLI C. Direct elicitation of credit constraints: conceptual and practical issues with an empirical application to Peruvian agriculture[J]. Economic development and cultural change, 2006, 57(4): 609–640.

[133] BURKART M,ELLINGSEN T. In-kind finance: a theory of trade credit[J]. American economic review, 2004, 94(3) : 569–590.

[134] CARBO - VALVERDE S, RODRIGUEZ - FERNANDEZ F, UDELL G F. Trade credit, the financial crisis, and SME access to finance[J]. Journal of money, credit and banking, 2016, 48(1): 113–143.

[135] CARTER M R. Identification of the inverse relationship between farm size and productivity: an empirical analysis of peasant agricultural production[J]. Oxford economic papers, 1984, 36(1):131–145.

[136] CARTER M R, OLINTO P. Getting institutions "right" for whom? Credit constraints and the impact of property rights on the quantity and composition of investment[J]. American journal of agricultural economics, 1992, 85(1):173–186.

[137] CHAYANOV A V. The theory of peasant economy[M]. Madison University of Wisconsin Press, 1926: 142–150.

[138] CHEN S, MA H, WU Q. Bank credit and trade credit: evidence from natural experiments[J]. Journal of banking & finance, 2019, 108: 105616.

[139] COLE R . Bank credit, trade credit or no credit: evidence from the surveys of small business finances[J]. Mpra paper, 2010(24689).

[140] DEININGER K, JIN S. Land sales and rental markets in transition: evidence

from rural Vietnam[J]. Oxford bulletin of economics & statistics, 2008, 70(1):67–101.

[141] DE MEL S, MCKENZIE D J, WOODRUFF C M. Returns to capital in microenterprises: evidence from a field experiment[J].Quarterly journal of economics, 2009, 124:423.

[142] DEVENDRA C, THOMAS D. Smallholder farming systems in Asia[J]. Agricultural systems, 2002, 71(1‐2):17–25.

[143] DONG F, LU J, FEATHERSTONE A M. Effects of credit constraints on household productivity in rural China[J]. Agricultural finance review, 2012, 72(3):402–415.

[144] DUAN N, MANNING W G, MORRIS C N, et al. A comparison of alternative models for the demand for medical care[J]. Journal of business & economic statistics, 1983, 1(2): 115–126.

[145] EVANS D S, JOVANOVIC B. An estimated model of entrepreneurial choice under liquidity constrains[J]. Journal of political economy, 1989, 97(4):808–827.

[146] FLETSCHNER D, GUIRKINGER C, BOUCHER S. Risk, credit constraints and financial efficiency in Peruvian agriculture[J]. Journal of development studies, 2010, 46(6):981–1002.

[147] FOLTZ J D. Credit market access and profitability in Tunisian agriculture[J]. Agricultural economics, 2004, 30(3):229–240.

[148] FREEMAN H A, EHUI S K, JABBAR M A. Credit constraints and smallholder dairy production in the East African highlands: application of a switching regression model[J]. Agricultural economics, 1998, 19(1‐2):33–44.

[149] GHATAK M. Screening by the company you keep: joint liability lending and the peer selection effect[J]. The economic journal, 2000, 110(465): 601–631.

[150] GHATAK M, GUINNANE T W. The economics of lending with joint liability: theory and practice[J]. Journal of development economics, 1999, 60(1): 195–228.

[151] GUANG H. WAN, ENJIANG CHENG. Effects of land fragmentation and returns to scale in the Chinese farming sector[J]. Applied economics, 2001, 33(2):183–194.

[152] GUIRKINGER C, BOUCHER S R. Credit constraints and productivity in Peruvian agriculture[J]. Agricultural economics, 2008, 39(3):295–308.

[153] GUPTA M R, CHAUDHURI S. Formal credit, corruption and the informal credit market in agriculture: a theoretical analysis[J]. Economica, 1997, 64(254):331–343.

[154] HART O. Firms, contracts, and financial structure[M]. [s.l.]: Clarendon Press, 1995.

[155] HELTBERG R. Rural market imperfections and the farm size— productivity relationship: evidence from Pakistan[J]. World development, 1998, 26(10):1807–1826.

[156] HESTON A, KUMAR D. The persistence of land fragmentation in peasant agriculture: an analysis of south Asian cases[J]. Explorations in economic history, 1983, 20(2):199–220.

[157] HILL M D, KELLY G W, PREVE L A, et al. Trade credit or financial credit? An international study of the choice and its influences[J]. Emerging markets finance and trade, 2017, 53(10): 2318–2332.

[158] HOMBRADOS J G, DEVISSCHER M, MARTINEZ M H. The impact of land titling on agricultural production and agricultural investments in Tanzania: a theory–based approach[J]. Journal of development effectiveness, 2015, 7(4):530–544.

[159] JAFFEE D, STIGLITZ J. Credit rationing[J]. Handbook of monetary economics, 1990, 2:837–888.

[160] JOHNSTON B F, MELLOR J W. The role of agriculture in economic development[J]. American economic review, 1961, 51(4):566–593.

[161] KUMAR C S, TURVEY C G, KROPP J D. The impact of credit constraints on farm households: survey results from India and China[J]. Applied economic perspectives & policy, 2013, 35(3):508–527.

[162] LEVINE R, LIN C, XIE W. Corporate resilience to banking crises: the roles of trust and trade credit[J]. Journal of financial and quantitative analysis, 2018, 53(4): 1441–1477.

[163] LIPION M. The theory of the optimising peasant[J]. Journal of development studies, 1968, 4(3):327–351.

[164] MCKINNON R I. Money and capital in economic development[J]. International journal (Toronto, Ont.), 1974, 29(4):649.

[165] MELLOR, JOHN W. The use and productivity of farm family labor in early stages of agricultural development[J]. Journal of farm economics, 1963, 45(3):517.

[166] MELTZER A H. Mercantile credit, monetary policy, and size of firms[J]. The review of economics and statistics, 1960: 429–437.

[167] MORRISON A D, WILHELM JR W J. Partnership firms, reputation, and human capital[J]. American economic review, 2004, 94(5): 1682–1692.

[168] MUSHINSKI, DAVID W. An analysis of offer functions of banks and credit unions in Guatemala[J]. Journal of development studies, 1999, 36(2):88–112.

[169] MYERS S C, MAJLUF N S. Corporate financing and investment decisions when firms have information that investors do not have[J]. Journal of financial economics, 1984, 13(2): 187–221.

[170] NGUYEN T, CHENG E, FINDLAY C. Land fragmentation and farm productivity in China in the 1990s[J]. China economic review, 1996, 7(2):169–180.

[171] PETRICK M. Empirical measurement of credit rationing in agriculture: a methodological survey[J]. Agricultural economics, 2015, 33(2):191–203.

[172] RAHMAN A, ROZSA Z, CEPEL M. Trade credit and bank finance – evidence from the Visegrad group[J]. Journal of competitiveness, 2018,10(3):132–148.

[173] RIORDAN M H, WILLIAMSON O E. Asset specificity and economic organization[J]. International journal of industrial organization, 1985, 3(4):365–378.

[174] SCHULZ T W. Transforming traditional agriculture[M]. New Haven:Yale University Press,1964.

[175] SCOTT J C. The moral economy of the peasant: rebellion and subsistence in southeast Asia[M]. New Haven: Yale University Press, 1977.

[176] SHI X, WANG A, TAN S. Trade–credit financing under financial constraints: a relational perspective and evidence from listed companies in China[J]. Emerging markets finance and trade, 2020, 56(4): 860–893.

[177] SIMTOWE F, ZELLER M, DIAGNE A. Who is credit constrained? evidence from rural Malawi[J]. Agricultural finance review, 2008, 68(2):255–272.

[178] STIGLITZ J E. Peer monitoring and credit markets[J]. The world bank economic review, 1990, 4(3): 351–366.

[179] STIGLITZ J E, WEISS A. Credit rationing in markets with imperfect information[J]. American economic review, 1981, 71(3):393–410.

[180] TAN S, HEERINK N, KRUSEMAN G, et al. Do fragmented landholdings have higher production costs? Evidence from rice farmers in Northeastern Jiangxi province, P.R. China[J]. China economic review, 2008, 19(3):347–358.

[181] THALER R H. Mental accounting matters[J]. Journal of behavioral decision

making, 1999, 12(3): 183–206.

[182] VAN TASSEL E. Group lending under asymmetric information[J]. Journal of development economics, 1999, 60(1): 3–25.

[183] WILLIAMSON O E. Transaction–cost economics: the governance of contractual relations[J]. The journal of law and economics, 1979, 22(2):233–261.

[184] YANG X. The role of trade credit in the recent subprime financial crisis[J]. Journal of economics and business, 2011, 63(5): 517–529.

[185] YOUNG A, STRAHAN W, et al. Farmer's guide in hiring and stocking farms [J]. London: Strahan, 1770.

附录A

根据正文中的激励兼容公式:

$$pQ(\omega + L_{\mathrm{S}} + L_{\mathrm{B}}) - (1 + r_{\mathrm{S}})L_{\mathrm{S}} - (1 + r_{\mathrm{B}})L_{\mathrm{B}} = \phi(\omega + L_{\mathrm{S}} + L_{\mathrm{B}}) \qquad (\text{A.1})$$

农户自有资产水平 ω 下,存在最大规模的实物融资 L_{S}、正常正式融资 L_{B},使农户实现最优的农业投资水平 I^*。

根据:

$$pQ(L_{\mathrm{S}} + L_{\mathrm{B}} + \omega) - (1 + r_{\mathrm{S}} + \phi\beta)L_{\mathrm{S}} - (1 + r_{\mathrm{B}} + \phi\beta)L_{\mathrm{B}} - \phi\beta\omega = 0 \qquad (\text{A.2})$$

依据全局最优条件,得到:

$$pQ' - (1 + r_{\mathrm{B}} + \phi) < 0 \qquad (\text{A.3})$$

令 $F(L_{\mathrm{S}}) = \bar{L}_{\mathrm{S}} + L_{\mathrm{B}} + \omega - I^*$, $F(0) < 0$。将公式 A.1 全微分,得到:

$$[pQ'(I) - (1 + r_{\mathrm{S}} + \phi)]dL_{\mathrm{S}} + [pQ'(I) - (1 + r_{\mathrm{B}} + \phi)]dL_{\mathrm{B}} = 0 \qquad (\text{A.4})$$

即:

$$\frac{dL_{\mathrm{B}}}{dL_{\mathrm{S}}} = -\frac{pQ'(I) - (1 + r_{\mathrm{S}} + \phi)}{pQ'(I) - (1 + r_{\mathrm{B}} + \phi)} \qquad (\text{A.5})$$

上述公式展示了,在一系列约束条件下,农户最大化目标效用函数的过程。本书的核心问题是分析合约安排对农户参与实物融资与正式融资的替代或互补关系及其程度,公式 A.5 表示实物融资对正式融资的边际效应

（即偏导数）。基于公式 A.5，本研究将重点分析 r_S 的变化对实物融资和正式融资关系的影响。

附录B

2014—2015 年调查问卷（样卷）

A. 家庭成员的基本情况

1.家庭经营主业	（1.种植业，2.林业，3.畜牧业，4.渔业，5.工业，6.建筑业，7.运输业，8.商业、餐饮、服务业，9其他_____）					
家庭成员序号	1 户主	成员 2	成员 3	成员 4	成员 5	成员 6
2.与户主关系（代码1）						
3.职业（代码2）						
4.性别（1.男，2.女）						
5.年龄（周岁）						

6.文化程度（在校学习年数）						
7.健康状况（2较好；1一般；0体弱多病）						
8.是否接受过专门农技培训？（1是0否）						

代码1：1.户主，2.配偶，3.子女或其配偶，4.孙子女或其配偶，5.父母，6.祖父母，7.兄弟姐妹，8.其他

代码2：1.家庭经营农业劳动者，2.家庭经营非农业劳动者，3.受雇劳动者，4.个体合伙工商劳动经营者，5.私营企业经营者，6.乡村及国家干部，7.教育科技医疗卫生和文化艺术工作者，8.其他

B. 户主禀赋

1.关系密切的亲戚朋友中是否有做老板的1是；0否		2.数量/人
3.关系密切的亲戚朋友中是否有政府部门工作的1是；0否		4.数量/人
5.有两份工作：a.每个月工资5500元；b.每个月的工资不确定，有50%的可能性是1000元，50%的可能性是10000元，您会选择？ 1.a；2.a和b都一样；3.b		
6.相比于外地人，您是否更信任本地人	1是；0否	7.经常来往的关系密切亲朋家庭数/户

C. 家庭资本禀赋

1.家庭离镇距离（里）		2.家庭离最近的金融机构距离（里）
3.最近金融机构类型		①农村信用社（农村商业银行）②中国农业银行 ③邮局（邮政储蓄银行）④其他（注明）
4.房屋现值（元）		5.您家有没有加入农民专业合作组织	1. 是 ⇒10；0. 否 ⇒11
6.您认为加入农民专业合作组织，对您家的生产经营是否有作用		0. 没有；1. 一般；2.很有作用
7.总体来看，您认为您家的收入水平目前在全村的位置是（1 最低，5 最高）		1 2 3 4 5

D. 家庭土地情况

	1	总经营耕地面积_____亩，其中家庭自有耕地总面积_____亩，其中水田_____亩，地块数_____
转入土地	2	2015 年经营的他人耕地面积_____亩，签_____年；2016 年经营的他人耕地面积_____亩，签_____年，土地是否确权（1= 是；0= 否）；转入来源（代码 1）_____，转入用途（代码 2）_____
	3	是什么方式转入？（代码 3）_____；相应付出的租金或实物是多少？（元或斤 / 亩）
	4	明年或以后，是否想扩大水田面积？（1= 是；0= 否）为什么？
	5	**若在流入农地时，付清租金，结束 5** 1. 农地流转合约形式 1– 口头 2– 欠条 3– 合同 4– 其他（注明）_____； 2. 约定多久付清租金_____（月）；3. 应付总额_____（元）；4. 预付金额_____（元）；5. 若约定一次性付款，是否在水稻收获过后付？1– 是 0–否_____；6. 若约定非一次性付款，付款方式 1– 月付 2– 季付 3– 年付 4–每季卖出后付 5– 其他（注明）_____；7. 与供给者关系：1. 亲戚朋友；2. 不是亲朋，但认识；3. 不熟悉；8. 是否按时付款？1– 是 0– 否_____；9. 对您来说，不按期付款的后果 1. 无法再次购买；2. 失去信用；3. 无所谓；4失去保证金 .5. 其他（注明_____）；10. 交纳保证金额_____（元）
转出土地	6	共转出水田_____亩，地块数_____，一次签_____年，从_____年开始流出
	7	以什么方式转出？_____（代码 3）；相应付出的租金和实物是多少？（元或斤 / 亩）
抛荒休耕	8	您家庭 2016 年是否存在水田抛荒或休耕？（2= 抛荒；1= 休耕；0= 否）。
	9	抛荒水田共_____亩，地块数_____，抛荒原因（代码 4）_____
代码 1：1. 企业；2 本村农户；3. 外村农户（包括合作社和生产队）；4. 合作组织；5. 集体		
代码 2：1. 种粮，_____（若种植水稻，请具体到单双季）；2. 种经济作物，_____；3 其他，请注明_____		
代码 3：1. 免费代种；2. 代种，给一定的费用或实物；3. 租其他农户（包括生产队、合作社）的土地，有租金；4. 租村集体土地，有租金		
代码 4：1. 农业比较效益低；2. 农业劳动力转移；3. 耕地流转机制不健全；4. 农业基础设施薄弱		

E. 家庭支出与收入（单位：万元）

1. 子女上学学费		2. 子女婚嫁费用	
3. 家庭购房购车费用		4. 医疗支出费用	
5. 家庭年均人情支出（婚丧嫁娶）		6. 家庭生活消费支出（衣食住行）	
7. 家庭年总收入		8. 农业总收入	
9. 种植业总收入		10. 非农总收入（打工或工资性收入）	

F. 2015 年农业生产投入水平

记录单个作物每年投入成本								
投入（元/亩）	种植业、林果业（代码1）	1. 种子、树苗（含自产）	2. 化肥	3. 农药	4. 雇工费	5. 塑料薄膜/地膜	6. 灌溉费及水费	7. 机耕机种费	8. 土地承包费
2015年									
投入	养殖业（代码1）	1. 鱼虾蟹苗/家畜幼崽	2. 数量（斤/只）	3. 饲料	4. 防疫支出	5. 雇工费	6. 水面承包费	7. 水电费	8. 其他
2015年									
记录单个作物每年产出收益								
产出	作物/水产品（代码1）	1. 种植/养殖面积/亩	2. 单位产量/斤·亩$^{-1}$	5. 市场价格/元·斤$^{-1}$	3. 口粮/斤	4. 销售量/斤	6. 年底储存量/斤
2015年							

代码1：1. 小麦；2. 水稻 2.1 早稻 2.2 晚稻 2.3 中稻；3. 食用菌；4. 玉米；5. 油菜；6. 大豆；7. 花生；8. 土豆；9. 棉花；10. 谷物；11. 黑豆；12. 籽瓜；13. 鱼类；14. 螃蟹；15. 虾类；16. 其他（注明名称）

附　录

G. 正规金融融资

农业生产融资选择供给方先后排序 1– 银行；2– 亲友；3– 高利贷；4– 赊账；5– 其他（＿＿＿＿）	
农户的正规借款需求数额（元）？（若需求数额为 0，结束 G 部分）	
2014 年至今农户是否向银行 [1] 申请贷款？1= 是（至 5）0= 否（回答 4 并至 L2）	
没有主动向银行申请贷款的原因是？（选择一个最重要的）1– 申请也不会获得银行的贷款；2– 担心到期还不起；3– 贷款手续和程序太复杂；4– 没有关系和人缘贷不到款；5– 缺乏抵押担保；6– 利率太高；7– 没有民间贷款方便；8– 其他（注明＿＿＿＿）	
申请多少银行贷款？（元）	
得到多少银行的贷款？（元）（若为 0，回答 7 后结束，若不为 0，跳至 7.1）	
申请贷款被银行拒绝的原因是什么？（选择一个最重要的）1– 没有抵押或者担保 ；2– 没有较好关系或者人缘；3– 银行资金短缺，没有贷款指标；4– 其他（注明＿＿＿＿）	
从申请到获得贷款花了多久？（天）	
是否拖欠过银行贷款？ 1= 是， 0= 否	
农户从银行获得贷款最主要的原因或用途是：1= 生活支出（教育、婚丧、医疗）；2= 农业投资（农地、农机、农资）；3= 非农投资；4= 其他（注明＿＿＿＿）	
生活支出：1– 教育；2– 婚丧；3– 医疗；4– 注明；农业投资：1– 农地；2– 农机；3– 农资；4– 注明	
贷款类型：1. 小额信用贷款；2. 农户联保贷款；3. 教育助学贷款；4. 抵押贷款；5. 担保贷款；6. 扶贫小额贷款；7. 无息贷款；8. 其他（注明＿＿＿＿）	
若为抵押担保贷款，抵押、担保品为 1. 房屋；2. 农地；3. 农产品；4. 存单；5. 亲戚朋友担保；6. 担保公司担保；7. 政府担保；8. 其他固定资产；9. 其他（注明＿＿＿＿）	
年利率 /%	
贷款周期（月）	
是否按时还款？ 1– 是，0– 否	

---

[1]　银行：1. 农业发展银行；2. 农业银行；3. 中国邮政储蓄银行；4. 农村信用社；5. 农村商业银行；6. 农村合作银行；7. 村镇银行。

H. 家庭资产水平（原值：万元）

项目	1. 台数	2. 购买年份 / 年	3. 现值 / 万元	4. 补贴 / 万元
a 机引农具				
b 拖拉机				
c 耕田机				
d 插秧机				
e 收割机				
f 烘干机				
g 其他				
5. 其他农机现值总额（包括水泵等）				
6. 运输车（非家用车）		7. 厂房 / 库房	8. 商业门面	
9. 家用车		10. 房屋	11. 耐用消费品（家具、家电等）	
12. 存款		13. 家庭备用流动现金	14. 持股资金互助社或农村合作银行	

I. 农地金融（针对发生农地经营权抵押贷款农户）

1. 农地抵押方式是_____（1– 土地承包经营权；2– 土地承包经营权 + 其他固定资产；3– 土地承包经营权 + 担保人；4– 土地承包经营权 + 担保公司；5– 其他：请注明_____）
2. 贷款贴息_____万元　　3. 抵押土地_____亩
4. 附加作物_____1 粮食作物；2 经济作物_____（1 油料；2 蔬菜；3 花；4 草；5 树木；6 其他_____）
5. 抵押土地的经营权剩余年限是_____年　　6. 抵押土地评估价值_____万元
7. 其他抵押固定资产价值 万元或者担保费用_____万元

附　　录

J. 赊账行为

1. 村庄或邻近地区农药供给者提供赊账服务个数／个（若无，结束该部分）	
2. 若有，是谁？ 1. 私人；2. 一般性服务组织（包括合作社）；3. "互联网＋"专业化服务组织；4. 政府及其他	
3. 购买农药是否赊账？若否，原因_____1. 自己不需要；2. 卖方不提供赊账；3. 其他（注明）并结束	
4. 若有，是谁？ 1. 私人；2. 一般性服务组织（包括合作社）；3. "互联网＋"专业化服务组织；4. 政府及其他	
5. 赊账形式 1. 口头；2. 欠条；3. 合同_____；约定赊账多久_____（月）	
6. 赊账购买总价_____（元）；若不赊账，购买总价_____（元）；预付金额_____（元）	
7. 约定还账方式 1- 水稻收获后一次付清；2 多次付清，且在水稻收获后付清；3- 其他（注明_____）	
8. 赊账原因 1- 缺乏资金；2- 不缺钱，可增加流动资金；3- 有服务就选；4- 可以防止买到假货；5- 其他（注明）	
9. 是否按期清账？（1- 是 0- 否）	
10. 对您来说，不按期还账的后果 1. 无法再次购买；2. 失去信用；3. 无所谓；4. 其他（注明_____）